Philosophy and Life

哲學與人生

林宜澐 著

國家圖書館出版品預行編目資料

哲學與人生 / 林宜澐著. --初版. -- 新北市：
揚智文化, 20011.08
面；　公分. -- (Culture Map；20)

ISBN 978-986-298-010-1 (平裝)

1.人生哲學

191.9　　　　　　　　　　　　100012295

哲學與人生

作　　者／林宜澐
出 版 者／揚智文化事業股份有限公司
發 行 人／葉忠賢
總 編 輯／閻富萍
特約執編／鄭美珠
地　　址／新北市深坑區北深路三段 260 號 8 樓
電　　話／(02)8662-6826
傳　　真／(02)2664-7633
網　　址／http://www.ycrc.com.tw
E-mail ／service@ycrc.com.tw
印　　刷／鼎易印刷事業股份有限公司
I S B N ／978-986-298-010-1
初版一刷／2011 年 8 月
定　　價／新台幣 260 元

序

　　哲學可以說是一種慾望，一種想看得更深、更遠的慾望。我們常說「陽光底下沒有新鮮事」，的確，在日常生活的層次中，一個人每天往往重複著各種維生所需的動作，上學放學、上班下班，如此日復一日，有一天赫然發現，一輩子的時光就這樣咻地一聲過去了。或許有人覺得這樣也沒什麼不好，但也可能有人就是心有未甘。可不是？我們好不容易到這世界走一趟，不多看一點，多想一點，讓扁平的人生變立體，黑白的人生變彩色，怎麼對得起自己呢？

　　這就是一種哲學的慾望。一個人希望在平板的生活中看到更多的意義，而能夠將自己推至另一種意境，擁有不同的視野，看到不一樣的東西。這原本是人與生俱來的一種能力，卻因為各種原因，在很多人的身上消失無蹤。也許是因為他個人的怠惰，也許是因為受到某些客觀條件的制約，讓原本清楚明白的能力變得模糊隱約，行的變不行，寬闊的變狹窄，通透的變阻塞，許多原本可以掌握的東西就在指縫中溜走，人失去了活得更豐富的契機，這豈不是一件挺可惜的事？而哲學的慾望正是針對這樣的缺憾而發，它要超越現實的限制，在更深更遠的地方尋找意義，領悟原本不知不察的道理，讓世界大大不同。我們常常以為每日接觸的現實是唯一的真實，卻不知在這樣的真實背後，始終存在著一大片等著我們探索的更巨大的真實。那是一個由意義所構築的世界，看似在現實之外，實則深深地蘊含在現實之中，並且常常影響了現實運轉的方向。何謂真實？孰為真實？這裡邊真是有很大的探索空間。

　　所以，基本上哲學是一種關乎意義、價值、審美判斷等領域的抽

1

象思考，裡頭所提出的問題，都是沒有標準答案，卻往往可以經由不斷探索而後豐富其內涵的問題。譬如說，什麼是「善」？什麼是「惡」？「愛國」與「誠實」何者重要？「均衡」是「美」的必要條件嗎？人生應當追求一個怎樣的目標？人可以說謊嗎？我們有辦法判定某甲的價值高於某乙嗎？「犧牲小我，完成大我」是一個合理的要求嗎？「正義」應當有怎樣的內容？一個社會真能實現具有普遍性的正義嗎？這些問題的答案都非常有彈性，各種不同觀點之間有許多機會相互激盪、辯論，很難有標準答案。

但沒有標準答案並不意謂著隨便你怎麼講都對。事實上，一個觀點若要有意義，就必須要有豐富的思考過程，而非像說夢話般憑空亂講，一個缺乏思考基礎的答案，其實說了等於沒說。從這角度看，哲學的學習便顯得十分必要。想想，一部哲學史記錄了多少飽學深思之士對人生各個層面問題的思索？我們若能從中汲取養分，一定可以幫助我們在面對相同或相關問題時，大幅提高我們的思考力，使得我們不管說出何種觀點的答案，都會有優質的內容。

哲學問題與人生息息相關，但是因為它始終在做一些抽象思考，不少人因此認為哲學脫離現實，與實際生活無涉。其實不然，它只不過是蹲在現實的背後，試圖安靜地反省一些現實自身的問題。世間道理無所不在，端看我們能否將它開顯出來。看到這些道理，人生是一種視野，看不到，則是另一種視野。我們要把自己活成怎樣的人生，努力與不努力是差很大的。

法國導演侯麥在電影「春天的故事」裡，透過劇中高中哲學女教師說了一段話：「學生往往會承認自己數學不好，但不會承認自己哲學不好。因為數學不好只表示一種能力不好，哲學不好則是表示你全面的思考力都不好。」的確，一個人若要保持對周遭世界的敏銳觸覺，哲學素養是不可或缺的，它是我們思考、感受生活中種種時的一個活水源頭。

「學而不思則罔，思而不學則殆」，哲學在人生過程中可以是良師益友，一路伴隨我們成長，讓我們活得更篤定，更有自信。說起來，哲學對於人生，不是還挺重要的嗎？

林宜澐

目　錄

第一章

哲學問題的特質

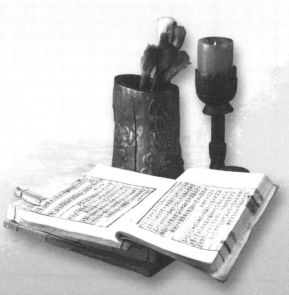

 第一節　什麼是哲學問題？

　　我們可以用一個生活中的例子來說明什麼是哲學問題。

　　想一想這個畫面吧：如果你正趴在桌上睡午覺，睡得好甜好舒服，舒服到口水都流了下來，這時有個煞風景的傢伙走到你身邊，也不管你好夢正酣，抓住你肩膀就猛搖猛晃，嘴巴還喊著「喂！起來！起來！」，這時候，驟然被喚醒的倒楣的你，會睡眼惺忪地跟這人說句什麼話？

　　你很可能會用虛弱沙啞的聲音，勉強抬起半個頭，睞著眼朝身旁這個惱人的黑影問道：「什……麼……事……？」對呀！你突然被叫醒，什麼事都搞不清楚，包括你在哪裡睡，叫你的是誰，他為什麼叫你等等，全都莫宰羊，你在朦朧中的第一個慾望當然是先想搞清楚這到底是怎麼一回事，一句「什麼事？」是再自然不過的問話了。

　　我們可以說，這句「什麼事？」就是人類的第一個哲學問題。說起來，我們每一個人都像海德格所說的，在某年某月的某一天，忽然就被「拋」到這個世界上來了。而出生伊始，大家都是懵懵懂懂，對周遭的一切毫無所知，我是誰？我外在的這個世界是什麼？我跟它有什麼關係？大家看，這不就是當我們午睡被叫醒而問「什麼事？」時，所想知道的事嗎？（我在哪裡？叫醒我的這個人是誰？我跟他有什麼關係？）把這句問話當作是人類的第一個哲學問題，應該是一個很恰當的比喻吧。

　　從「什麼事？」這個原型出發，一部哲學史幾乎可以看成就是對這個問題的回應過程。當我們一路下來討論了越來越多的哲學問題，也從中培養了越來越深刻的討論能力之後，我們可以將自身與這個世界的圖像看得更清楚，也看到了更多更豐富的層次，不致於像剛被喚醒時那般

地迷糊，什麼都不知道。

　　而這一切正是從「什麼事？」這個簡單自然的問題開始。所以，如果要問為什麼人類要探討哲學問題，我們可以說那其實是一種天性。就像亞里斯多德在《形上學》一書中所言：「人的求知慾望與生俱來。」人會探討哲學問題，是跟走路、呼吸、吃飯一樣自然的行為。我們也因為這種天性而與其他物種有所不同。孟子說：「人之異於禽獸者幾希」❶，這個「庶民去之，君子存之」的東西是什麼？就是「仁義」，而「仁義」正是人類對於人倫關係一個哲學反思的結果，孟子此說不也是說明了哲學探討是人類的天性嗎？

第二節　哲學探討的問題

　　哲學這門學問往往給人一種不切實際，高來高去不知道講些什麼的感覺，真的是這樣嗎？它真的跟我們的生活脫節嗎？其實不然，它事實上跟我們的生活有非常貼近的關係，讓我們用幾個不同的角度來看這個問題吧。

　　基本上，哲學是一門後設的學問，所謂「後設」意思是指站在一件事情的外面去分析這件事情。我們在日常生活中，往往看不清楚自己所在之地的真正面貌，蘇東坡所謂「不識廬山真面目，只緣身在此山中」❷，就很生動地點出了這個人生的弔詭。那要怎樣才能識得廬山真面目呢？哲學這種後設式的觀看就變得很有必要。哲學思考可以讓我們處在一個更高的超越位置看事情，就好像從高空衛星往下俯瞰一般，可以有機會掌握到事物的全貌。

---

❶《孟子・離婁下》。
❷蘇軾，〈題西林寺壁〉。

　　譬如說，藝術創作是人類生活中一項非常重要的心智活動，有許多藝術家在這樣的過程中創造了許多令人感動的作品，創作者和欣賞者形成了一個被稱爲「藝術」的文化活動，很多人在其中獲得很大的快樂與滿足。而如果我們想進一步瞭解，爲什麼這些作品可以感動人心？這些美的感動具備了哪些特質？或是想探究一個藝術創作天才究竟是怎麼回事？爲什麼他可以創造出這些作品？這一來，我們所問的問題就已經站在「藝術」領域的外部，是藝術哲學的問題了。

　　因此我們可以說，「藝術哲學」是對「藝術」的後設分析，「社會哲學」是對「社會」的後設分析，「美學」是對「美」的後設分析，「知識論」是對「知識」的後設分析，「倫理學」是對「倫理」的後設分析，「形上學」是對「存在」的後設分析，以此類推。

　　依照這種理解，我們會發現所謂的哲學問題幾乎無所不包。事實上也是如此，因爲這世上的每一件存有物（甚至是「存有」這個概念），其實都沒有理由不能成爲哲學研討的對象，只不過每個人所進行的哲學思考，會因爲方法的不同或立場的差異等等因素，而有不同的詮釋，也正因如此，我們的心靈世界才會那麼的豐盛富饒。這個世界並不單調乏味，怕只怕我們無法從對象中讀出多層的底蘊，不會划船嫌溪窄，那就是我們自己的問題了。有人說，科學是把複雜的變簡單，哲學是把簡單的變複雜，從上述的角度來看，這說法是可以成立的。太陽底下沒什麼新鮮事，但我們可以有一個常保新鮮的頭腦啊！哲學思考幫我們溫故而知新，隨時開拓生命的新視野、新格局，解讀出生命中先前沒有被描述、被揭露的人生意義，它其實跟我們的生存是很貼近的。

第三節　小說是哲學的戲劇化

　　法國哲學家沙特除了哲學專書像《存在與虛無》、《辯證理性批判》之外，也寫了不少的小說和劇本，像《嘔吐》、《蒼蠅》、《沒有出路》等等。從表面上來看，這兩類書籍的面貌有很大的落差，哲學專書談人的存在本質或反省人類的思維法則，各種術語和繁複的論證貫穿其中，讀起來十分辛苦。而小說跟劇本卻在一個故事或事實情境的架構下進行，跟我們的日常生活有較多的相似性，閱讀起來比較沒那麼吃力。但我們不要忘了，這兩種書不都是同一個沙特所寫的嗎？也就是說，他們都來自同一個源頭，就是生活中的沙特，一個每天在食衣住行育樂中過生活的法國人沙特。這說明了一點，哲學其實不可能脫離人的生活獨立存在。瞭解這一點後，我們可能可以比較平實地來看待常讓人覺得虛無飄渺的哲學著作。

　　這就像中國的《易經》，不論它用了多麼抽象的方式表達（除了卦辭、爻辭、彖辭、象辭這些文字敘述之外，八卦本身甚至只用線條符號來傳達它的意涵），它仍然不是一個來自外太空的想法，而是產自日常平實生活的哲學反思。所以，在形上的抽象思維和形下的具體世界之間，必然有一種密不可分的對應，因為兩者是同源而相通的。當老子在《道德經》裡說：「飄風不終朝，驟雨不終日」❸時，他所描述的不只是一個大自然的現象，他同時也在說明人世間的一個道理。老子要我們體會到，違反常態的事情終歸不能持久，統治者若要用強力手段遂行己意，就會跟那飄風驟雨一樣，沒多久便過去了。

　　當然，我們還可以從「飄風不終朝，驟雨不終日」的這個原型聯想

---

❸《道德經‧第二十三章》。

到更多其他的事，譬如有人可能想到愛情，他體悟到愛要細水常流，轟轟烈烈的愛情往往很快就轟轟烈烈結束，平淡的愛才是真幸福。或者，有人從這句話體會到養生之道，發現過於激烈的身體操練可能戕害身體，而採取溫和持續的運動方式。甚至一位作曲家可能從這句話參透一首交響曲裡面，強弱之間該如何搭配的美學原理。總之，許多人都可以就自己關心的某個側面，與這句話蘊藏的內涵相對照，而得到自己有所感觸，有所理解的那部分的心得。

我們再舉個例子來說明這種形上與形下之間的對應關係。

當佛經裡點出「緣起性空」這個對世間萬事萬物極有智慧的描述時，它說的是宇宙間一個無所不在的原理：因緣具足，事情便出現，因緣消散，事情便消失無蹤，所以，一切事物的存廢都是因著緣起緣滅，何來「本性」這種執著的觀念呢？就好比拳頭本非拳頭：當五指緊握（緣起），它是拳頭，五指一鬆開，它不過就是一個巴掌，哪來的拳頭呢（性空）？

這樣的智慧放在日常生活中，會對我們大有影響。試想，我們如果能將一切成敗，如情場得失、宦海浮沉，乃至於事業上的起起落落，都能通達地以緣起緣滅的角度觀察之，對待之，女友嫁別人了，股票虧錢了，我們都瞭解那不過就是因緣散盡後的必然結果，無需懊惱，更不必哀傷，那我們的人生豈不自由快活得不得了。形上原理是如何緊繫著我們的日常生活，由此可見一斑。

所以，沙特為什麼會說「小說是哲學的戲劇化」？因為小說來自人生，哲學也來自人生，當我們把源自人生的哲學思考用「故事（戲劇）」這個媒介表達時，這句話就這麼成立了。沙特的著作橫跨哲學與文學，他的例子最能夠說明哲學的世俗性，因為有這世俗的基礎，那些抽象的形上思維才有重量，而不致於輕飄飄地四處遊蕩不知伊於胡底。從沙特到《易經》，這形上形下之間互相關連的道理是一樣的。

第四節　哲學家與哲學流派

對一位接受中文教育的學生而言，在廣闊的哲學世界裡，放眼望去，大致上可以看到兩個主軸，一個是中國哲學，另一個則是西洋哲學。一個世紀以來，這兩條軸線裡有許多思想觀念，持續不斷地影響著我們的社會。不論是希臘哲學裡蘇格拉底對知識的態度，或是儒家在談禮樂社會時所揭櫫的觀念，乃至於莊子在〈逍遙遊〉、〈齊物論〉等知名的篇章中所提出來的觀察與想法，都在許多人的生命中起過發酵作用，確立了他們面對世界時的基本原則。個人如此，整體社會亦然，從近代所謂的「西學東漸」到今天，我們已經不可能跳過所有西方哲學的觀念來討論一個現代化的華人社會，也就是說，西洋哲學與中國哲學都已然進入了我們的生活中，不僅個人的作為受到影響，即便是政府施政或社會的各種運作，也處處可見這兩條軸線的痕跡。我們有必要在「哲學與人生」的這張地圖上畫出這兩大領域中最重要的哲學家與哲學流派，以便能更精確地掌握這個時代的脈動。

就中國哲學部分來說，最重要的當然是儒家思想。這個以孔子學說為核心的學說千年來歷久不衰，以入世的情懷在中國建立了一套具有形上哲學基礎的人倫規範，有效提供了這塊廣大土地上的人民可資依循的穩定秩序。它務實而樂觀，有理想，有抱負，把人類社會中的成員所應具有的權利義務說得十分清楚。雖然從先秦以來，這門學問是落在君主政體上面去談，但在今天的民主時代，其中許多深思熟慮的觀念依舊適合於討論當代社會的各種問題。本書將有專章討論這個思想流派在我們日常生活中所產生的影響。

然後我們要討論一些道家的影響。這門以老莊為主的思想呈現了與儒家大大不同的面貌，它不像儒家那樣，清楚地展現自己對眼前社會的

熱情，不管老或莊，都喜歡站在一個更高的位置看世事，也因此窺見了許多事情的本質。用句通俗的話說，就是看「透」了許多事情的表象。這使得他們發展出一種很不一樣的生活態度，這種態度的核心理念是「自由」，在道家看來，儒家有太多的作為將自己束縛住，使得一個人所能達到的高度（境界）有限，為此，一些在儒家脈絡裡被肯定、被頌揚的行為，在莊子的描述下幾乎是一文不值而遭到訕笑。

這兩種生活態度在傳統中國的知識分子身上都看得見，不同的DNA會有不同的選擇。甚至有人認為，一個讀書人往往在順境時是個儒家，而身處逆境時就變成了道家。果真如此，其實也不錯，蘇東坡〈超然臺記〉裡的道家觀點，顯然幫他在落難黃州時的那段日子提供了一個很好的思想出路。看起來道家比較接近藝術，也許不是那麼務實，卻常常對人生有一種不可或缺的必要性。

另外，這張哲學地圖上還要畫出佛教的版圖。這門博大精深的思想雖然來自異域，但在長年的融合轉化下，它的一些基本觀念也進入了一些中國人的心靈深處。跟道家比起來，它跟儒家的距離似乎又更遠，在所謂「三法印」、「四聖諦」的基本思路下，佛教對此岸，也就是現世的否定力道，遠大於儒道二家。許多抱有淑世理想的儒者對佛教的貌似消極頗不以為然，認為如果人人心嚮方外，個個都成了得道高僧，那國不成國，家不成家，我們的社會要如何運作？

然而實際的狀況並非如此。佛教在上述的思路之下所推演出來的世情觀察其實極具智慧，從認識論到倫理學到美學，佛教對宇宙人間的種種現象都有非常深刻通透的分析與論述。若能對此領域有所涉獵理解，我們的人生必定可以增添不少有質感的內涵。

大體上本書所談論的中國哲學流派以儒釋道這三家為主，主要側重在討論一些與生活相關的觀念，並非對這些思想做全面性的評述。

至於西洋哲學部分，在本書的哲學地圖上，主要要畫出的包括希臘哲學、近代哲學和現代哲學的存在主義部分。這三個領域的哲學在西

方歷史上都產生過重大影響，而隨著西方一些國家在近代興起的強盛國力，這些思想也飄洋過海來到東方，逐漸也改變了許多東方人的行為方式，值得我們去理解。

　　早期的希臘哲學可以以蘇格拉底作為一個分界點，在蘇格拉底之前，也就是哲學史上所謂的「先蘇期」，有一群哲學家如泰利斯、畢達哥拉斯、巴曼尼德斯、齊諾、恩培多克利思等人，捨神話的方式不用，試圖用理性的觀察與推論來回答宇宙間許多根源性的問題。譬如，一切事物從哪裡來？它們由怎樣的基本元素組成？我們該如何解釋它們的本質？這些哲學家在當時所提供的答案，在後來科學不斷進展的情況下，幾乎都被證明是錯誤的。但這並無損這些哲學家努力的價值。他們所提的問題開創出西方的理性思考傳統，擺脫了傳統神話中過於濃厚的非理性幻想成分，是非常重要的一個過程。

　　到了蘇格拉底，這位睿智的哲人將所有知識的原點拉回到人自身，他要求年輕人熱愛智慧，以承認自己的無知來作為追求知識的起點。這樣的愛智態度顯然是西方知識傳統的一個重要源頭：一個人如果不愛好智慧，怎麼會去反思人的智慧本身的種種問題呢？蘇格拉底用這種方式為隨後兩千多年的西洋哲學的發展定調，其影響之巨大可想而知。

　　他的學生柏拉圖則在這樣的方向中發展自己龐大的哲學思考。他提出觀念論，描繪了理想國的存在，非常強烈地表達了他對理性的嚮往。他主張一個理想國應該由哲學家來當皇帝，甚至說要把詩人趕出理想國，為什麼？因為詩人太依賴感性作用去創作跟生活，起伏太大，沒辦法如理性思考般具有純粹性與永恆性。他所謂的觀念世界是一個完美的世界，現實世界中的存在物都只是分享了觀念界的存在。雖然柏拉圖觀念論的說法，在現實上讓很多人難以掌握那到底是什麼，但他強調理性思維的重要性，卻無疑地為後世哲學的思考勾勒出一個重要的模式。

　　到了亞里斯多德，哲學的方法添加了許多對現實世界的思考，他比老師柏拉圖更重視對具體存在事物的本質性探討，而不是僅將之當成

觀念界的分身。這使得他因此做了許多自然科學領域的研究，包括植物學、動物學、物理學、化學、氣象學等，他都有不少原創性的貢獻。此外，他在邏輯方面的著作如《範疇論》、《論詮釋》等也深刻地影響了後來西方的思想方法。而他所提出的物質因、形式因、動力因、目的因「四因說」，在中世紀時被用來與基督教神學結合，為上帝存在的證明提供了一個穩健的架構。凡此種種，我們都看得出來亞氏對後代西洋文明的影響。

以上三位大師是我們要瞭解西方哲學脈絡時不可不知的源頭活水，他們影響了後之來者思索這個世界的方式，在東西文化益見融合的今日，思索「哲學與人生」的課題，當然不能忽略了這塊重要的版圖。

而當哲學越過中世紀來到近代，又展現了許多有別於以往的面貌。為什麼要說「越過中世紀」呢？因為西洋哲學的發展在整個中古世紀處於一個很微妙的位置，或許是因為長年戰亂的關係，歐洲人對宗教的需求似乎大於知識，基督教文明在這長達千年的時間裡得到充分的發展，教會的力量凌駕在政治之上，掌控了老百姓的平日生活。影響所及，以理性思考為主幹的哲學大受衝擊，喪失了自己獨立的地位。許多哲學史家在描述這段歷史時，常認為中世紀的哲學只是神學的奴婢，是為神學服務的。這話說起來沒錯，大體上，歐洲中世紀哲學所討論的問題主要集中在人與神的關係這條主軸上，然後延伸出諸如上帝存在、自由意志、個人道德與教會律則之間的關係，乃至於新舊約聖經的衝突等問題。總而言之，當時哲學所思考的，所要論證的，都是神學的問題，而不是人自身的問題，擺明著哲學就是因為神學而存在的，也難怪馬克思要說這段長達千年的時間是西方哲學的黑暗時代。當然，這是用一個非基督徒的角度來看，如果是基督徒，中世紀士林哲學（也就是基督教哲學）的那些論證，或許是確立他們信仰的一股很重要的力量。

到了近代，整個哲學問題就必須從笛卡兒的方法說起了。笛卡兒有一句很有名的話「我思故我在」，很多人都聽過，這句話其實是他在

知識論上的一個前提，怎麼說呢？原來笛卡兒為了要建立一套嚴密精準的學問，體悟到他必須先找到一個明確不容懷疑的起點，如果沒有這樣的起點，整套嚴密精準的學問根本不可能。那麼這起點應該是什麼？是我們平常接觸外界時最常擁有的感官經驗嗎？笛卡兒發現，其實這些感官經驗常常被騙（譬如我們會以為放在玻璃水杯中的筷子是彎曲的，或者我們會誤以為夢中的種種是真實的），讓他必須隨時懷疑我們感官認識的正確性。就這樣，他這個也懷疑，那個也懷疑，在懷疑了一堆東西之後，發現有一件事是他不能懷疑的，就是「我在懷疑」這件事本身。既然如此，那麼我在懷疑當然表示我在思考，當然也證明了我的存在，「我思故我在」是這樣得來的。笛卡兒隨後也就從這個前提開始，用他在「方法導論」裡的理性方法展開他的哲學思考。

　　笛卡兒致力思考知識論的態度影響了後來的許多哲學家，像洛克、休謨、康德等人都花了很大的力氣討論知識論的問題。畢竟，如果我們不反省知識本身，那會不會在建立知識的過程中，一廂情願地一腳踩在泥沙上而不自知呢？笛卡兒在知識方法上的思考，為近代各門學問在描繪各自的世界圖像時的準確性打下了良好的地基。而落到日常生活中，這些討論所呈現的精神，也一樣可以使得我們對世界的理解有更佳的深度和廣度。在後面的章節中，我們會有較深入的討論。

　　至於現代哲學，本書主要介紹的是存在主義。這個在上個世紀風行一時的思想對人的存在情境和感受有許多精彩的描述，在「哲學與人生」的這個主軸上有許多發人深省的思考。就某種意義而言，它可以說是在近代哲學日益龐大的論證模式之外，另闢蹊徑的一種哲學關懷。之所以這麼說，是因為哲學發展到了黑格爾時，達到了一個唯心主義的高峰，這種貌甚驚人的哲學體系看起來博大精深，卻常遭到「見林不見樹」的批評，很多跟人相關的生活細節，往往在高來高去的大論述底下消失了。更有些學者認為黑格爾為了讓他的正反合辯證法可以「吾道一以貫之」，常對歷史做了不當的詮釋，以達到其體系在論證上的有效

性。當代捷克小說家昆德拉在《被背叛的遺囑》一書中也曾經提到這樣的現象，他認爲我們要抗拒「理念體系化的誘惑」，因爲體系化的思想固然一氣呵成，有一種「老鷹睥睨世界般的宏觀視野」，卻也常帶有難以避免的獨斷傾向，更糟糕的是，有許多個人對存在的感受在這樣的表達中是找不到位置的。昆德拉是小說家，他觀看世界的方式與傳統的哲學家有別，存在主義的思想家在這點上跟昆德拉比較接近。或許我們可以用這個角度去理解，爲什麼沙特在寫下《存在與虛無》這種哲學著作的同時，也寫了像《嘔吐》、《無路可走》、《瘟疫》這樣的小說或劇本。看起來，文學作品的呈現形式，似乎更能夠準確生動地描述出人類存在的本質和面貌。從這裡我們可以看出存在主義與我們所要探討的「哲學與人生」有十分密切的關連，值得我們認眞去理解這些哲學家們所提出的問題與答案。

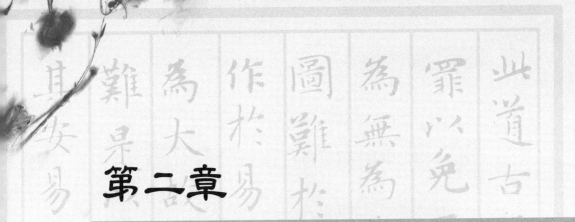

第二章

儒家的哲學智慧

第一節　孔子的「仁」

　　孔子說過：「未知生，焉知死」，又說：「未能事人，焉能事鬼」，看來老先生不太喜歡談虛無飄渺不能確知的世界，整個儒家的關懷，基本上都只投射到我們眼前的這個社會，太遙遠的事情就存而不論吧。而既然社會由人組成，那麼，如果要讓我們的社會擁有一個優質的內涵，想來那活水源頭必定就是來自於人本身，沒有優質的人，怎麼會有優質的社會呢？這就好比學校，如果沒有好學生好老師，怎麼可能成為一個好學校呢？在這樣的脈絡中思考，個人與群體是二而一不可分割的。思考群體的問題必須從個人著眼，思考個人的問題則必須以群體為依歸。因此，孔子學說的核心便這樣落到了「仁」這個概念上，「仁」字從人從二，是兩個人不是一個人，顯然它處理的不只是個人而是人際的問題。在儒家的理解中，「仁」具有一種能量，不僅是自身的涵養，還可以推己及人，這點很重要，它會讓一個儒家的實踐者隨時都處在與他人共存的狀態，所謂「己欲立而立人，己欲達而達人」，在「仁」的帶引下，人不但自覺到自己的存在，也意識到與別人之間的關係。這種關係裡頭蘊含著規範、責任、理想等多個側面的內容，是儒家大同世界的基礎。

　　再進一步探討，作為一個重視人我關係的概念，儒家的「仁」具有怎樣的內在特質呢？基本上，我們可以將「仁」視為一種「善的力量」，這個力量可以將人帶到一個比較高的視野，超越了人性在俗世中所常見的一些壞毛病，譬如說嫉妒、挾怨報仇、自私、陷害他人、貪婪等等不堪的作為。儒家心目中的理想人格是一種大氣大派的格局，而「仁」正是達到這境界的力量，它是善的、能動的、恢宏的。一個人若因為本性而有做一些狗屁倒灶之事的可能，那麼，仁心的修為會將

這些污垢掃除乾淨，把人推到一個更高的層次。這也就是爲什麼孔子要說「仁者不憂」（《論語・憲問》），因爲會憂慮的人，往往是因爲無法掌握內心裡幽微的惡勢力，而使得自己從念頭到作爲，都陷到一種可能爲惡或已然爲惡的掙扎狀態。若是「仁者」，則超越了這些負面的可能性，故不憂。當善的力量貫穿首尾，蕩漾成一片昂然生機時，那局面自是無比恢宏，所以《論語・述而》裡也說：「君子坦蕩蕩，小人長戚戚」，講的其實是同樣的事情。其實儒家向來喜歡強調大大方方的態度，不管是孔子說的「士不可不弘毅，任重而道遠」❶，或是孟子所形容的「大丈夫」：「居天下之廣居，立天下之正位，行天下之大道，得志與民由之，不得志獨行其道，富貴不能淫，貧賤不能移，威武不能屈，此之謂大丈夫」❷，描述的都不是小頭小臉的事。在這樣的思維脈絡中，仁心的發用正是可以挺住大格局的重要因素。一個人若能從實踐中體會到「仁」的眞實特性，相信對儒家境界的理解會有莫大的助益。

孟子曾經用「惻隱之心，仁之端也」來描述人類對一種「我與他」關係的自覺，這種自覺是良善而自然的，他說「人皆有不忍人之心」，所以「先王有不忍人之心，斯有不忍人之政矣」，孟子爲管理眾人之事的「政治」找到了一個源頭，這個說法有效地解釋了美好政治必須存在的理由。

而何以見得這「惻隱之心」的眞實存在呢？孟子用一個生活中的場景說明：「今人乍見孺子將入於井，皆有怵惕惻隱之心，非所以內（納）交於孺子之父母也，非所以要譽於鄉黨朋友也，非惡其聲而然也。」這個樸素的說明簡要地論證了「仁」有一個先天必然的根源，這種自覺既不爲名也不爲利，跟康德倫理學所說的倫理行爲的純粹性相同，是獨立而可貴的。但這只是「端」，開端而已，在這基礎上，「苟

---

❶《論語・泰伯》。

❷《孟子・滕文公下》。

能充之，足以保四海，苟不充之，不足以事父母」，重點是「充之」，儒家希望能將仁心的這個「端」擴充成一個社會裡的全面性內涵，如此才能人人相互尊重，往良善的方向發展，因而化成其所期待的一個美好禮樂社會。

從這個脈絡來看，「仁」是推動禮樂社會的發動機。在儒家的論述中，人可以透過對「仁」的自覺，在禮樂制度當中實現歷史進程裡所蘊含的抽象原則，這種看法近似黑格爾談歷史哲學時的思維。譬如說，「善」是一個抽象原則，它很美好，令人嚮往，但它如何才能在人類的歷史中呈現呢？當然就必須經過人的一些作為。這就好比要實現一個民主社會的理想，就必須有具備民主素養的公民和完善的民主制度。所以，對儒家而言，如果大家都有仁心的自覺，而且社會有客觀合理的典章制度，那個抽象、形上的「善」（或「道」或其他的形上概念）就會落實到人間社會。這種自覺大家都可以做到，就看你有沒有把那個「端」（種子）擴而充之。這是禮樂社會成立的必要條件，去除了這項，所謂禮樂云云根本無足觀矣。所以說「人而不仁，如禮何？人而不仁，如樂何？」（《論語·八佾》），由此看來，「仁」這個概念在儒家論述中的關鍵地位是無庸置疑的。它表現出人的一種生動活潑的自主性，只要有自覺，有意願，每個人都可以從這裡出發，往理想的境界邁進。孔子表示「我欲仁，斯仁至矣」（《論語·述而》），也就是在這一種自主、負責、自信的態度上，顯現了極富主體性價值的倫理信念。牟宗三先生認為從孔孟到程明道、陸象山、王陽明，這一路以「心」的概念為主的儒家，就是一種自律倫理學，這樣的洞見很能啓發我們對儒家的理解，幫助我們將「主體自律意志」在儒家論述中所擁有的重要性看得更清楚，值得體會再三。

第二節 孟子的氣派人生

儒家哲學對於人生各種情境的應對方式，除了有易經式的靈巧智慧之外，還有孟子「吾善養吾浩然之氣」這一型的開朗態度。這個側面即便到了二十一世紀的今天，都還有積極飽滿的意義讓人深思。它提示我們一種理想高貴情操的存在，使人可以以此自我期許，生活在一種恢宏昂揚的氣質中，而不是一個畏首畏尾的可憐小人物。《論語·述而》裡不也說「君子坦蕩蕩，小人常戚戚」？可見這種模式的人格狀態在儒家中常被引為典範，值得我們進一步理解。

孟子是這麼說「浩然之氣」的：「其為氣也，至大至剛，以直養而無害，則塞於天地之間。其為氣也，配義與道，無是，餒也。是集義所生者，非義襲而取之也，行有不慊於心，則餒矣。」❸

由這段文字我們可以看到孟子非常強調人的主體性，這股內容充實（「配義與道」）的氣發自我們的內心，並非從外面採集而得（「是集義所生者，非義襲而取之也」），因此，一旦內心的感受稍有不足，便會委靡下去。反之，如果我們能善加培養，不隨意殘害它，這股氣便能「塞於天地之間」，讓人的主體蘊生一種獨特的存在。

這股壯大之後的氣會如何呢？它可以逆向操作我們的動物性本能，讓我們脫離體內受動物性方程式左右的那一面，而產生跟禽獸有別的人文行為，在孟子看來，這才是人應努力的方向。所以《孟子·離婁下》說：「人之所以異於禽獸者，幾希。」那「幾希」之物是什麼？說起來就是由內心培養出來，充滿仁義內涵的浩然之氣。動物沒有這個層面的東西，所以牠們一切都依本能慾望行事，人不一樣，人可以超越這些慾

---

❸《孟子·公孫丑上》。

望，可以脫離體內動物性方程式的控制，不去做內心慾望想做的事，而開拓出人生不同的格局。從某個觀點來看，這其實是一種意義更精微的自由。

因此，當公都子問孟子：「爲什麼同樣是人，有人成爲大人，有人卻成了小人？」時，孟子便從「大體」、「小體」的觀點解釋（「從其大體爲大人，從其小體爲小人」），朱熹說「大體」是心，「小體」是耳目之類的感官。基本上感官依循慾望而動，心卻可以超越慾望，人若能如此而成就德性的境界，在孟子看來，這比外在的事功還更令人嚮往。《孟子‧滕文公下》一段描述何謂「大丈夫」的文字充分說明了這個觀點。

有個名叫景春的人問孟子：「公孫衍、張儀，豈不誠大丈夫哉？一怒而諸侯懼，安居而天下熄。」這種觀點以外在事功爲標準，認爲能左右時局的人便是大丈夫。但孟子顯然不同意這樣的看法，他提出一個堅持主體獨立性的價值標準，這個標準的內涵是仁義，一個人能擁有這樣的內涵，才稱得上是「居天下之廣居，立天下之正位，行天下之大道」，而且因爲堅持，所以「得志與民由之，不得志獨行其道，富貴不能淫，貧賤不能移，威武不能屈，此之謂大丈夫」。

在這段描述中，我們看到孟子所重視的是一個人的完整與獨立，這樣的思維充滿了高度的理想性，它超越了現實的各種條件，而實現了更高層次的人的品質。如果拋開這種理想性，人在現實層次中因爲受到自身各種條件的制約（譬如說畏懼死亡、追逐私利這一類幾乎每個人都具有的本能），往往所作所爲只能達到一個高度，這個高度在儒家看來是不滿意的（也許我們可以說，每一種哲學的出現都是對這種有限高度的否定，因爲否定，所以會有昇華的慾望與作爲。依此來看，向下沉淪與往上提升似乎同時並存於人類的生存本能當中），一個理想型態的人格自是不能只在現實的領域裡打轉，所謂「一怒而諸侯懼，安居而天下熄」，畢竟還只是現實中一些隨著機緣生滅的事功，要說超越性、獨

立性，便必須「得志與民由之，不得志獨行其道，富貴不能淫，貧賤不能移，威武不能屈」。其中提及的富貴、貧賤、威武，都是一些對人心具有莫大宰制力的外在力量。富貴的時候人會浮蕩（淫），貧賤的時候會放棄自己原本主張的原則以求生存（移），而遇到外力威脅時，人又多半會屈服（屈），這說起來是人之常情，是順著我們體內DNA的方程式走的，但你若要真是一個「大丈夫」，就必須在「淫」、「移」、「屈」之前加個「不能」。到這裡我們已經可以看清楚孟子對這一問題的思路，從養氣到大小體之辨到對大丈夫的描述，都顯現出他強烈的理想性格，有這種強度的性格，才有可能培養出大無畏的氣勢，開出恢宏格局。

今天的年輕人如果能對孟子哲學的這個側面有所理解，很可能他看許多事情的角度會有所不同。年輕人的未來其實充滿各種可能，他最大的危機在於太輕易跟現實妥協，而自己廢除了這些可能性。儒家哲學基本上對理想與現實這兩面都有照顧，思考一下其中的問題，即使是千年之後的今天，都還是很有啟發性。

第三節　儒家的人生三境界

《論語・子罕》：「子曰：智者不惑，仁者不憂，勇者不懼」，孔子在這裡為一個儒者的理想人格狀態點出幾項指標，在《中庸》裡，這幾個指標被稱為「三達德」，一個人若能達到這些境界堪稱君子。然而這幾個概念的內涵到底是什麼呢？我們不妨來想想其中的道理。

先說「智者不惑」。蘇格拉底說，承認無知才是知的開始，這是一種「無知之知」。他為什麼會承認自己無知呢？就是因為他有一個廣大且相對完整的視野，能讓他看到自己明確的位置，不致於狂妄地以為自己什麼都知道。如果他以為自己什麼都知道，而用自以為是的方式生

活時，勢必常會遭逢許多挫折與矛盾，因爲這裡頭有很多他對人、對社會、對世界的誤解，層層誤解堵塞大路，讓他到處窒礙難行，想不惑也難。所以當我們說「智者不惑」時，這裡邊必然有一種通透，這通透是一種智慧，它與見聞之知不同，一個人要是沒有這樣的通透，那他見聞之知再多再廣，恐怕也是徒顯雜亂。《道德經》說：「爲學日益，爲道日損」，跟這道理是相通的。

所以這裡所謂的「智者」，與知識是否淵博並不必然相關，重點要能通透。世間萬事萬物，有許多底下的道理是相通的，問題在於你是否有那樣的智慧能看出那一般人看不見的東西，看透了就不會有疑惑。

舉個例子說。在社會中生活，每個人天天都要用到錢，有多一點的錢便可以買到多一點的東西，過好一點的生活，這道理大家都懂。但是錢另一面可能爲你帶來的卻是「人爲財死，鳥爲食亡」那樣的負面情景。都是錢，卻有兩個截然不同的想像空間，你手上的那筆錢，究竟會將你帶往哪邊呢？這可就看你的智慧了。

有許多中了樂透彩券一夕致富的人往往沒有很好的下場，爲什麼？因爲他沒有看透錢的雙面刃，錢雖然爲他帶來光明，卻也爲他帶來可能的黑暗。這樣子的「不透」，自然會讓他困惑，這是缺乏「智慧」所產生的困惑。即便他「聰明」地擁有許多金融投資的知識，他還是可能「惑」得一籌莫展。眞正能夠讓他不惑的，是他對錢的通透認識，當他把錢看透，知道它正反兩面的可能時，並在日常生活中實踐出這樣的智慧時，他便不會爲錢所惑了。

這就好比年輕人容易沉迷在愛情當中，人在福中只知福，根本沒有一秒鐘去想想萬一愛人離他（她）而去時，那痛苦會有多麼巨大。一旦遇上，個個捶胸頓足，自殘者有之，不吃不喝形同槁木者有之。早知今日，何必當初？這其中難道沒有人的智慧施展的空間嗎？

有人問：「人要怎樣才不會死？」答曰：「不要出生就不會死。」你或許會說這是廢話，不過若以同樣句型再問一句：「人要怎樣才不會

失戀？」這時你便可以很有智慧地比照上一句說：「不要談戀愛就不會失戀囉！」再問下去：「人要怎樣才不會投資股票血本無歸？」答案豈不明顯？「不要買股票就不會血本無歸啊！」這一下把生死、愛情、金錢全給貫通看透，人生的疑惑不就大大降低了嗎？

　　再說「仁者不憂」。「仁者不憂」這句話也顯現出一種通透的態度，不過它比較落在倫理（也就是一個人與他者之間的關係）上來談。基本上，儒家對人與宇宙間萬事萬物的本質有一種正面的肯定，不論是《易經》裡說的「天行健，君子以自強不息」，或是孟子所肯定的「善端」，都不時對整體人生散發出一種樂觀的氣息，相信這也是儒家令人愉快之處。

　　因此，我們可以想見，儒家的「仁者」必定與這股正面的善的力量兩相結合，所謂「民胞物與」，仁者在這種氣質的帶領下，將具有普遍性的「仁」的內涵落實到個別的人與事當中，而形成他一個具有深厚包容性的人文視野。在這個視野裡，萬事萬物均有合理的位置，仁者在一個遼闊的視野中看待他們，不論如何都能做出適當的回應，不會過或不及。

　　舉例來說，孔子說：「唯仁者能好人，能惡人」❹，這表示在孔子心目中，一位仁者心中有一定的是非標準，他不會是鄉愿（「鄉愿，德之賊也」），不會是虛無主義者，也不會是莊子那種風格的超越論者。他很清楚就是一個肯定眼前世界的儒家，這個世界有一定的好壞是非，重點是仁者可以用一個寬闊的、包容的視野去對待這些好壞是非，不會有所謂「愛之欲其生，惡之欲其死」那樣的狹隘心態❺。在孔子看來，這樣的好惡才是真正有能力談好惡，做不到這一點，恐怕只能說是情緒的發洩，談不上仁者的格局。

---

❹《論語·里仁》。
❺牟宗三，《中西哲學之會通十四講》，學生書局。

　　據說以前日本的皇室為了要訓練皇太子仁民愛物，會教導他在野外遇到毒蛇時，要從容不迫地對牠打招呼說早安。這代表什麼？代表皇太子在那一瞬間看到的不是一條毒蛇，而是一個活生生的生命，既是生命，那就有對待生命的基本態度，這時候從容不迫打個招呼是很好的。至於牠是毒蛇，對人有潛在的危險，這問題可以在第二層的意義中處理，這時就會出現所謂的好惡了。總之，當一個人的視野可以像仁者那樣夠大夠深，就不會以絕對化的狹隘方式面對任何一件個別的事情。以遇見毒蛇這件事為例，你若眼中看牠是毒蛇，那「愛之欲其生，惡之欲其死」的心態就會出現，這時候想到的就是撲殺，怎麼還會有心情跟毒蛇說早安呢？而如果你是一位仁者，就一定能以比較從容、比較寬厚的方式處理，請問，哪一個方式比較不會引發自己的焦慮呢？答案應該很清楚。

　　所以「仁者不憂」呈現了一種通透的人格，這種人格為自己取得了一個寬宏的視野，而避免了近距離逼視所造成的焦慮。仁者為什麼不憂？就是因為他夠高夠大，儒家講「仁」不是空口說白話，是有真實體驗的。

　　一般將智、仁、勇稱之為「三達德」，似乎這是三件事，其實這是一個理想人格的三個側面，彼此是相通的。若要區分，我們可以說「智者不惑」與「仁者不憂」比較強調一個理想人格的形上側面，而「勇者不懼」則強調他實踐的熱情。實踐的熱情關乎行動，他必須在現實的情境中將智慧與仁心做出來。在邏輯上，「智」與「仁」先於「勇」，所以，當一個人具有通透的智慧與仁心時，他會有足夠的寬容度來承受所有可能的苦難與危險，這樣的狀態正是「勇者不懼」的主要基礎，否則所謂的「勇」恐怕只能是一般意義的「勇」，難脫匹夫之勇的層次。大抵儒家面對事情時，多是正面對待，希望能夠堂堂正正，該怎麼做就怎麼做，不會有太多的算計（「君子坦蕩蕩，小人長戚戚」、「有澹臺滅明者，行不由徑。非公事，未嘗至於偃之室也」）。如果我們將這樣子

的態度跟老子的風格兩相對照，就會發現儒道之間在這一點上實在有很大的出入。《道德經》裡說：「知其雄，守其雌，為天下谿」、「知其白，守其黑，為天下式」、「知其榮，守其辱，為天下谷」，這擺明了要人低調，對老子來說，別人看不到的位置才是最好的位置，所以要守住「雌」、「黑」、「辱」，人這才不會變箭靶。因為老子看透了事情的正反兩面，深明「反者道之動」的道理，物極必反，登上高峰往往就是墜落的開始，如果不想讓自己陷入某種困境，就不要毫無保留地暴露自己，邊緣的位置是一個比較理想的選擇。這固然是老子對於宇宙間萬事萬物原理的體會，但有人就是喜歡將這樣的道理往權謀的角落塞，把哲學家老子活生生給說成了一個陰謀家老子。許多政治角力裡的鬥爭都到這裡找靈感，雖說這一來把老子的學說給說小了，但似乎也不是完全沒道理。在爾虞我詐的鬥爭場域裡，服膺老子哲學的確可能為自己帶來比較多的勝利機率。

　　從這角度看，儒家強調的「勇者不懼」就呈現出不一樣的人生風景，在「智」與「仁」的加持下，勇者顯現出無所畏懼的實踐熱情，他最大的勝利未必在事情的結果，而是在他自己。漢儒董仲舒所標舉的「正其誼不謀其利，明其道不計其功」，正是與「勇者不懼」這樣的態度源自於相同的實踐熱情。不論事情成敗，能為自己開展出一片寬闊的視野，培養出磊落、幸福的人格，就足以說是最大的勝利了吧！

　　儒家哲學的精神非常值得在當今社會提倡。儒者肯定眼前社會，並且樂觀開朗、「啥米攏不驚」地訴諸行動，冀望明天會更好。跟釋道二家相較起來，確實多了很多正面積極的內涵。當然，在百花齊放的多元社會裡，他們的風格未必符合每個人的氣質，但如果從「個人－群體」的角度出發，還有什麼比儒家的理念更能鼓舞每一個「社會人」呢？「智者不惑，仁者不憂，勇者不懼」的確可以作為一個君子，一個現代社會好公民的理想人生目標啊！

 ## 第四節　音樂在儒家教育中的重要性

近代中國因為遭到西方列強入侵，許多人腦裡想的都是如何富國強兵的議題，而所謂的富國強兵，又常被簡化成船堅炮利這種比較可以直接感受到的知識力量。相對的，像音樂這麼一門看起來沒什麼影響力的學科，自然而然就受到社會大眾的忽視。這種現象對一個社會的整體來說，長此以往肯定會造成價值判斷上的偏頗，只是它的副作用比較幽微，許多人因此沒什麼感覺罷了。當年北大校長蔡元培在德智體群之外，特別再多提倡一個「美育」，的確有過人的見識。

可是在傳統儒家，尤其是先秦時期，音樂原本就是教育過程中最重要的一環，甚至說它是核心也不誇張。徐復觀在《中國藝術精神》一書中，對這一點有深刻的論證。

為什麼音樂在儒家教育中有那麼重要的位置？其實很簡單，因為它跟儒家心嚮往之的禮教社會有本質上的相通之處：兩者都強調秩序的美與善，都追求由這種美善所延伸出來的和諧境界。這也是為什麼中國長年以來都是禮樂並稱的原因。譬如在〈樂記〉這篇總結了先秦時代音樂觀點的文章中，上一句說「大樂與天地同和」，下一句便趕緊接「大禮與天地同節」，禮跟樂好像雙胞胎般，彼此對於對方都是不能沒有你。

我們可以想想這個問題：在合唱團裡唱歌跟在自家浴室裡引吭高歌有什麼差別？答案可能蠻清楚的，你一個人唱歌只要自己高興就好，大家一起唱的時候，你就必須隨時注意別人的聲音，務必讓自己融入他們，而做出一個最完美的整體效果，個人在這樣的情況下，是要有不同的思維角度與心理準備的。

個人在社會中不也一樣嗎？人是社會動物，除非像魯濱遜那樣漂流荒島（即便如此，他身邊都還有一個從食人族手中搶救下來的「星期

五」與他為伴），否則，我們的食衣住行育樂樣樣事情都必須跟別人合作，這中間如果沒有合理的秩序可供依循，人類的社會恐怕永遠無法向上提升，而只能向下沉淪了。

儒家對這一點看得非常透澈，他們從來不像莊子那樣追求無拘無束的「逍遙遊」，儒家期待的是一個穩定而有活力的人類社會，這樣的社會沒有群體規範是不可能運作的。所以，儒家談五倫，談仁義禮智信，談四維八德，都繞著這條軸線談。這個主軸確定後，接下來的問題是，那要如何教育民眾來實踐這樣的規則呢？儒家的領導者發現，音樂教育是個不錯的選擇。一個人只要在音樂練習中體會了與人合奏的快樂（「獨樂樂不如眾樂樂」），到了社會群體當中，他就可以將那樣的涵養延伸到與他人的關係中。這個推論十分合理，所以在儒家的道統中，孔子的偶像周公先生，為什麼在制禮的同時還要作樂，道理即是在此，「制禮」和「作樂」，其中的關連性是很明顯的。周公因此不但常被孔子夢見，還被納入了儒家從堯舜禹湯一路連貫下來的道統中，「制禮作樂」之受重視可見一斑。

喜歡音樂的人都知道，在很多的音樂演奏型態中，樂手之間的默契往往可以好到令人難以置信的地步。就以常有即興片段演出的爵士音樂來說，樂手彼此之間只要一個眼神，或者是一個和弦的提示，就能夠讓一段段的音樂銜接或轉移得天衣無縫，這時候所依靠的，不就是這種「聽自己也聽別人」的合作精神嗎？這種教養不只有藝術面，也有社會面，明乎此，我們就可以瞭解音樂對儒家教育有多重要了。從今以後，當我們自己或看到別人在學習音樂時，是否會有一些不一樣的感受呢？

第五節　《大學》的啟示

多年前，「政治是高明的騙術」這句話在台灣曾經引起不少討論與爭辯。許多人對這句話的顛覆性覺得很驚訝，因為在中國習慣於期待「聖君賢相」的傳統中，一般人很難接受「好的政治是高明的騙術」這樣的觀點。想想，果真是如此，那聖君賢相還有什麼意義呢？選個大騙子來當家就好，何必那麼辛苦地選賢與能？但從西方的觀點看，這句話倒也不是胡說八道，甚至是一個必然的結論。我們從另一個角度來思考這句話的內涵。

在西方近代的民主政治脈絡中，「三權分立」是一個核心的概念。所謂三權分立指的是行政、立法、司法三種權力之間彼此的制衡，為什麼要制衡？就是怕其中某一權要無賴，沒節制地擴張，造成一權獨大，導致政府的危機。那再問，為什麼特別會有一權要無賴，無法自制？說起來就是因為人有私慾，有權力慾，往往得寸進尺，有了五毛要一塊，慾望有多大，幹壞勾當的機率就有多大。這在世界各國的歷史中處處可見，簡直就是常識了。就因為人有惡的這一面，所以從盧梭開始便想通了，人壞就壞吧，在公共事務上大家不要有太多的幻想，與其等待聖君賢相，不如來個三權制衡，讓你壞也壞不到哪裡。只要制度合理、明確、有效，要無賴就下台，違法便抓起來關。這是中西雙方在政治想像上的一大差異。西方因為有基督教「原罪」概念的傳統，要把人想像成壞壞的，好像比較容易。君不見在西方文明史裡，從奧古斯丁到盧梭，寫下懺悔錄的人一大堆。你說西方人比較勇於認錯也好，或說他們善於在罪惡裡重新找到詮釋人性的空間也罷，在面對政治人物潛藏的「惡」這一點上，西方所創立的三權分立制度，似乎看得比中國文化傳統要透澈不少。

　　所以，在三權分立重視法律制度的情形下，一個政府官員重要的並非你「是」怎樣的人，而是你「做」了怎樣的事。在有形規範（這些規範當然也妥適地蘊含了符合公共利益的時代精神）的限制下，不管你心裡怎麼想，就算用「演」，也得「演出」（做出）符合法律制度所規定的種種事項。所謂的騙術大概就從這裡開始。以此類推，一個公職人員一路上肯定會遇上許多讓他費盡思量，追求最大民眾福祉的挑戰。他必須想方設法滿足各類民眾的需求與期待，不管他自己內心的想法或慾望多麼糾纏，他都必須超越一己之私去成就這樣的公共利益。如果他能在這過程中，成功地「騙」了民眾（讓不同利害考量的民眾在同一個匯聚點上都肯定他），甚至還可以「騙」了自己（讓自己有成就感，因而將私慾昇華），我們可不可以說這是高明的騙術呢？

　　用「騙」的方式或許可以讓大我與小我之間、各個不同群體之間的利益衝突得到潤滑，騰出彼此妥協的空間。最高明的政治協商是讓大家其實都沒有真正得到所要的東西，卻又各自滿足地離去，想來想去，這不叫做「騙」，那要叫做什麼呢？

　　但中國的政治哲學倒不喜歡用同樣的態度處理這個問題。西方這種在制度上以三權分立為核心的民主政治，運作至今毛病不少。著重法治面的政治運作模式往往讓許多政治人物無暇省思自己的道德問題。大家僅在法律層面經營的結果，是讓政治現實流失了許多溫暖的人文素質。在二十一世紀的今天，我們當然不可能要求政客們以堯舜為標的來從事政治活動，但從個人德性到公眾福祉之間，其實一直有一條通衢大道，《大學》對這點述之甚詳，其中一些概念值得參考。

　　《大學》一開始是這麼說的：「大學之道，在明明德，在親民，在止於至善。」何謂「大學」？孔穎達《禮記正義》引鄭玄《三禮目錄》云：「名曰大學者，以其記博學可以為政也。」孔穎達又云：「此大學之篇，論學成之事，能治其國，章明其德於天下。」這裡的意思很清

楚，「大學」這門學問談的是治國平天下的「大人之學」❻，是中國自古相傳做人做事最基本的道理，也是一套能治國平天下的學問，以現在的觀念來說，就是一套政治哲學。

這樣的一門學問要從哪裡開始？要從「明明德」開始。先將個人的「明德」發揚光大，這是一切大事業的基礎。朱熹解釋「明德」為：「明德者，人之所得乎天，而虛靈不昧，以具眾理而應萬事者也。但為氣稟所拘，人欲所蔽，則有時而昏，然其本體之明，則有未嘗息者，故學者當因其所發而遂明之，以復其初也。」簡單講，就是個人承受自天的稟賦，《中庸》說「天命之謂性，率性之謂道，修道之謂教」，意思一樣，這承自天的「明德」即是道。

因此，《大學》這看起來並不起眼的一步，其實已經為中國的政治哲學定了調。它有重心，有方向，不像尼采所說的上帝已死，尼采的說法將人的可能性提升到超人的境界，超人自身已臻完美，無需再外求一個指點迷津的上帝。這對人的境界固然是一種突破，但也使得人類在生活中喪失了許多從「上帝」概念所延伸出來的內涵。宗教本質上是「因信生義」的事，只要堅定相信宗教的源頭，許多德性的要求與期待便會油然而生。上帝是否真的存在，在科學實證的層次上無法證明，但是「上帝的概念」存在則是一個不爭的事實。而由上帝概念所延伸出來的思想，充分影響了西洋兩千多年來的文明發展，也大大豐富了人文生活的內涵，一旦大家跟著尼采認定上帝死了，源頭斷掉，很多規範將變得沒有意義。

中國哲學講天「道」，不講上帝。《大學》從「明德」開始講，這「明德」又來自於天，這麼一來，「天」和「治國平天下」便有了一個巧妙的連結。《大學》的說法雖然不言上帝，但在作為一個活水源頭的意義上，兩者卻又有異曲同工之妙。「上帝」是西方基督教文明的源

---

❻朱熹：「大學者，大人之學也。」

頭，「明德」是中國政治哲學的源頭，一個在外，一個在內，卻都有超越的意義，提供給後之來者源源不斷的能量。

　　《大學》在這樣的定調下，肯定不會變成一個過分相信自己的虛無主義者（從尼采那樣的思路走出來的政治哲學倒是可能，只相信自己而不相信一個超越的上帝，是可能墮入虛無情境的），因為「明德」是人內在的潛質，受之於天，我們不過將它發揚光大，「明」明德便是。也就是說這「明德」是有源頭的，有源頭就不會虛無。《大學》從這裡出發後，接下來說「在親民，在止於至善」。程子釋「親民」為「親者，新也」，意即讓民眾日新又新，實踐「明明德」的功夫，這便是「親民」。朱子也說「言既自明其明德，又當推以及人，使之亦有以去其舊染之污也」。《大學》推廣理想政治藍圖的策略大概是由點，而線，而面，所以除了自己要明明德之外，還要推己及人，《大學》的「傳」在釋「新民」一意時引商湯的盤銘「苟日新，日日新，又日新」，要大家努力推動「明明德」，要到「君子無所不用其極」的地步。

　　這個點線面的策略讓《大學》發展出一套循序漸進的邏輯，所謂「止於至善」便是這個推演的終點。跟儒家其他的思想一樣，它由低而高，由近而遠，登高必自卑，行遠必自邇，《大學》充分展現了既內在又超越的中國哲學特質。

　　這個論述可以提醒當今的政治人物，應該將施政的原動力拉回到個人的品質上。《大學》告訴我們，要治國平天下的話，不但要明明德，心中還要有一個「至善」的概念。體會到這點，心志才會有定向，「知止而后有定，定而后能靜，靜而后能安，安而后能慮，慮而后能得」。這是一套關乎個人修養的功夫，而政治畢竟是處理人的問題，人的問題總要回到人的身上才是正途。

　　從近代工業革命以來，技術性、工具性的思維越來越強勢，逐步占據了人類腦袋瓜的大部分空間，漸漸地，人在處理公共事務時便忘記了自身品德的問題。「品德」一詞說起來或許顯得陳腐，但它卻是能真的

散發出溫暖感覺的因素。一個沒有品德的政治，或許可以處理一些技術層面的問題（譬如贏得某次選舉、通過某個對自身有利的法案），但很難讓人覺得是一個好的政治。而且，久而久之，當大家把技術性的思維視爲正當且唯一的模式時，政治只怕會越來越墮落。解決一次問題的同時，卻埋下未來好幾個問題的種子。這點在國際政治上看得很清楚，基本上，各國在思考涉及自己國家的國際問題時，都是技術性思維，大家都只思考如何才能符合自己國家的最高利益。最後就演變成強權即是一切，國際政治壓根兒無法談理想抱負，這是近代幾百年來大家都看得到的事實。要談理想就到一些非政府組織裡找吧！

　　《大學》對當代政治的啟發便在這裡。它以個人爲核心，描述出格物、致知、誠意、正心、修身、齊家、治國、平天下八個程序。是一套合理的政治想像。孔子說「人而不仁如禮何？人而不仁如樂何？」，同樣地，一個喪失了品德，徒有技術的政治，是不會感動人的。《大學》說：「自天子以至於庶人，壹是皆以修身爲本。其本亂而末治者否矣。其所厚者薄，而其所薄者厚，未之有也。」物有本末，事有終始，看來很多事情古人看得比我們還清楚。

第六節　理學家的腦袋瓜都在想什麼？

　　中國哲學的發展過了隋唐五代以佛學爲主軸的時期之後，來到了宋明理學的階段。這段前後大約六百年的哲學發展其實很重要，它接續先秦儒家的思想傳承，對心性問題做了更精密的哲學論證，說起來是很有貢獻的。可是許多人一聽到理學家講的一些話，像「存天理，去人欲」，「爲天地立心，爲生民立命，爲往聖繼絕學，爲萬世開太平」，忍不住就會打哈欠。覺得他們所標舉的理想，要不是太空泛，要不就是太崇高（以致於太遙遠，太虛無飄渺，太不知所終……），尤有甚者，

往往一句話用一堆看起來差不多的名詞，繞來繞去說了半天，還是讓人家搞不清楚要說什麼，讓人忍不住懷疑這一大堆論述裡頭到底有沒有真材實料，所提的問題與解答，是不是真的針對我們真實的生命情境發出？

這些對宋明理學的粗淺印象之所以會出現並不是沒有道理。在這六百年的歷史當中，理學家們花了極大的力氣討論許多精微的心性問題，心性問題說起來其實是一個「個體如何認識存有」的問題，所謂「盡心成性」，如何盡心？如何成性？我們該如何認識自我的內在？該如何認識存有的本質？這些在哲學的討論上都是相當真實、基本、重要的問題。宋明理學的哲學家討論這些問題的態度絕不虛妄，只不過這些問題哲學性高，往往必須用抽象的概念「掃描」具體的現實，譬如張載《正蒙・大心》所記：「由象識心，徇象喪心，知象者心。存象之心，亦象而已，謂之心可乎？人謂己有知，由耳目有受也。人之有受，由內外之合也。知合內外於耳目之外，則共知也過人遠矣。」一小段文字當中便將主體與客體，內與外之間的關係，做了一番邏輯性的統合，哲學性十足。理學家的談法不像《莊子》用了許多寓言故事來幫助說明，所談的問題也不像《論語》那麼有現實的基礎（所以比較容易理解）。或許就是因為如此，讓不少人覺得宋明理學既嚴肅又疏遠，但其實不然，裡頭的許多哲學思考深具開創性，對人生可以有很多啟發，我們不妨瞭解看看。

首先我們可以從歷史的角度看北宋理學的產生。我們知道宋朝之前的隋唐五代是佛教大盛的時期，而佛教來自西土，其原始教義中的一些基本觀念未必與傳統中國知識分子的心靈能相契合。譬如「諸法無我」這樣子的說法就未必能說服傳統的儒家讀書人。傳統儒家的主體意識向來明確（「我欲仁，斯仁至矣」），而且由此延伸出去的倫理義務與倫理責任也都清楚無比，在在都是支撐儒家社會命脈的重要內涵。取消了「我」，那對世界就是另外一種感受了。這個在先秦傳統原本是很明確

的東西，魏晉以後卻逐漸模糊。從魏晉玄學開始到後來的佛學大盛，先秦儒家的那套理論在那個時代存活得很辛苦，其中主體意識是個關鍵。

再者，佛家在「無我」的脈絡當中看萬物，再怎麼看都是「緣起性空」，「緣起性空」的意思是說萬事萬物並沒有一個本然（也就是應然、必然）的狀態，一切都不過是各種因緣（也就是各種條件）的聚散罷了。因緣具足，一切的條件都湊在一起了，這件事情就成立了。譬如說，一個國小的棒球隊要拿到美國威廉波特的世界少棒賽冠軍，需要具足多少因緣（條件）才能成立？我們隨便想想便可以想到，這其中大概要有一個熱愛棒球的校長、一群資質不錯又願意吃苦耐勞的小朋友、一個有經驗且不計較酬勞的教練、支持學校政策的家長、足夠的場地跟設備，甚至學校當地的棒球文化、整個大環境的氛圍、政府或企業是否贊助經費，乃至於比賽當時的狀況，選手們現場是否有水準以上的演出等等，若真要寫下來，恐怕十張紙都寫不完。在佛家看來，這就是「緣起性空」，條件具足事情就會成，不具足就不會成。所以萬事萬物沒有什麼自性不自性的，五根指頭握緊了是拳頭，鬆開後就只是五根指頭。你說有沒有拳頭的存在，佛家說沒有啊，因緣一散，也就是五根指頭一鬆，拳頭不就不見了嗎？所以「緣起」即是「性空」，是同一件事，牟宗三先生說這是分析命題。

這樣的觀點會把世界看成一個如夢似幻的東西。既然一切事情都只是因緣聚散而無自性實體，那跟幻影何異？我們看看《金剛經》是怎麼說的：「一切有為法，如夢幻泡影，如露亦如電，應作如是觀。」這雖然是一個終極性的說法（意思是說，唉！到頭來，人生一切不過是夢幻泡影。他強調的是「到頭來」，對「過程」倒未必有那麼明確的主張），但這個「夢幻基調」在佛教的論述中始終存在，讓許多儒家的哲學家看不下去。

儒家對這個最基本也最重要的哲學問題（「這個世界是什麼？」）有完全不一樣的看法。在儒家看來，這世界並不是那麼「隨緣」，如果

那麼隨緣，那從孔孟一路下來的各種化成世界的主張，豈不全都失去了依據？因為那些都是《金剛經》所說的「有為法」啊！「有為法」一旦待緣而生，還有什麼必然性呢？儒家打從一開始就不是這種思維，這我們從易傳裡的文字可以清楚地看出來。相對於佛家的「隨緣觀」，儒家認為宇宙萬物有一個「發動機」，是這「發動機」賦與了萬物的存在。易傳〈乾・象傳〉裡有一段話說得很精彩：「大哉乾元，萬物資始，乃統天，雲行雨施，品物流行。大明終始，六位時成，時乘六龍以御天。乾道變化，各正性命，保合大和，乃利貞。首出庶物，萬國咸寧。」這段文字把儒家關於萬物起源的看法說得相當清楚。

　　顯然儒家認為這世界之初有個「乾」道是開創一切的本源，這跟基督教認為有個創造萬物的「造物主」的思維是一樣的❼。只不過基督教是用人格神的方式談這個問題，從上帝到耶穌到人之間有一種類比性，比較容易理解。而且既然上帝具有無限的能力（上帝無所不在又無所不能），那麼分享上帝存在性的人類（《聖經・創世紀》裡說，神依祂自己的形象造人），只要相信上帝，將自己交給上帝，等待上帝的救贖即可，人跟上帝這個original power之間的關係是一種縱貫的上下關係，基本上處於一個「主動—被動」的結構當中。

　　可是儒家不這麼講，在儒家的思維裡，這個original power的「乾」道是一種自然的力量，當這個力量源源不斷湧出時，萬事萬物都憑藉它而得以存在。「雲行雨施，品物流行。大明終始，六位時成」，一切都因為這個推動者的推動而落到了它所應落的位置，「乾道變化，各正性命」，這一來，一個穩定的世界圖像就這樣形成了。可見那（乾道）是一個實的東西，而不是一個虛的假設，它實然地在世界的運轉中發揮作用，跟佛教談緣起性空的夢幻基調大不相同。

　　從這裡可以看出儒家跟佛教打從一開始便走兩條路，一個走國道，

---

❼牟宗三，《周易哲學演講錄》，聯經出版社。

一個走省道,雖然最後可能殊途同歸,但一路上風景卻很不一樣,當然由此延伸出來的修行目標、修行方法也各有主張,形成不同的哲學系統是一定的。

想想看,同樣是修行者(求道者、思考者、實踐者),若分別走在不同的道路上,是否會有不同的感受?所謂「義理之悅我心,猶芻豢之悅我口」(《孟子‧告子上》),味道對了,彼此氣味相投,那一路走來便如沐春風,滿懷喜悅。而如果喜歡山的走到海邊,喜歡海的走到山上,某種格格不入的感覺便很容易產生。儒者不喜佛家,可不是什麼奇怪的事,這兩路子的東西從一開頭對世界源起的看法就不一樣,要他們自始至終都相知相契,一定是有困難的。

而歷史的發展卻是,佛家從東漢傳入中土之後,歷經魏晉南北朝至隋唐時大盛,禪、淨、律、密、天台、華嚴、唯識、三論諸宗都發展出恢宏的格局,這使得傳統的儒家學問被邊緣化,許多儒家知識分子的內心很不是滋味,心想我儒家從易傳到四書,不論形上或形下,原本就有一套博大精深的思想體系,怎麼會是這種佛經當道,儒學消失無蹤的局面呢?不少排佛的思想也因此在這一段期間冒了出來。譬如說唐宋八大家之一,被蘇東坡形容為「文起八代之衰,道濟天下之溺」的韓愈,便曾因為唐憲宗迎佛骨的事情,寫了一篇〈諫迎佛骨表〉大力排斥佛教(文章裡說:「唯梁武帝在位四十八年,前後三度捨身施佛,宗廟之祭,不用牲牢,晝日一食,止於菜果,其後竟為侯景所逼,餓死台城,國亦尋滅。事佛求福,乃更得禍。由此觀之,佛不足信,亦可知矣。」),結果面臨的下場是差點連命也沒了,後來好不容易保住老命,被發配到潮州當刺史,過著不怎麼得意的日子,還寫了一篇〈祭鱷魚文〉趕鱷魚,到底有沒有趕成就不得而知了。

但如果我們因此便下個結論,說儒釋二家彼此風馬牛不相及,根本八竿子打不著,好像也不太對。世間許多事往往殊途同歸,國道跟省道也可能在某個地方會合。你不喜歡的事物裡面有時正蘊藏著你需要的

42

東西，佛教走到唐朝而大盛，有人抗拒，有人徘徊其中不知如何選擇，也有人意圖兼容並蓄，調和儒釋道諸家，建構一門嶄新學問，如王安石便是。從這觀點看，佛教在唐代大盛，未必表示先秦儒家的那些核心問題已消失不見，它其實不過是沉澱到歷史的底層，在時尚的風潮底下暫時隱匿罷了。一旦時機對了，便會紛紛再起，用更細膩、更具時代性的討論方式，再創另一個高峰。中國哲學到了宋朝，一些哲學家自釋道返儒，就是因為先秦儒家所發展的那套以「心性論」為軸心的哲學論述，對他們有一種強烈的真實感。在這種真實性的感召下，哲學家們會想，那原本就存在的老祖宗智慧，為什麼不拿來給它發揚光大一下？為什麼一定要跟著外來的思想走呢？這是宋明理學在北宋會出現的一個重要基礎，其背後有歷史也有思想內部的因素。

朱熹是大家所熟悉的理學大師，他耗費畢生之力所作的《四書集注》一書，在宋以後的元明清成了科舉考試的標準答案，讓理學成為官學，可說影響至鉅。可是說起來他也不是一開始就是一個儒家，他十四歲受學於劉子翬時，其實是儒釋不分的❽，但慢慢他從佛家乃至於道教走出而回歸儒家，最後提出「格物致知」的方法論，並將論孟學庸合而為「四書」，作《四書集注》，確立其個人的思想體系，成了宋朝儒家的一個代表性人物。就內部層面而論，他從釋走到儒，真就表示兩者之間全然脫勾嗎？非也。他從頭到尾處理的可以說是同一個問題，基本上就是一個心性問題，這是中國哲學最核心的討論重點，跟我們的生命（生活）有密切的關係，不妨來瞭解一下。

所謂的「心」指的是讓我們能夠認識外界的那個自覺能力，而「性」指的則是我們人的本性。為什麼心性問題會是中國哲學的討論重點呢？回想一下本書在導論提到的一個比喻：當你睡午覺睡得正甜時被

---

❽關於朱熹在儒釋之間徘徊的心路歷程，可參考蔣義斌（1987），〈朱熹排佛與參究中和的經過〉，《東方宗教研究》，第一期。

哲學與人生

叫醒，很可能睡眼惺忪地問「什麼事？」，而因此提出了人類的第一個
哲學問題。

在這個比喻中，那個睡眼惺忪的你，其實擁有一顆能夠感覺周遭
事物的心，只不過你剛從睡夢中醒來，那顆心還在睡覺，對身邊所發生
的事全部搞不清楚，也就是對自己的「本性」懵懂無知，所以你會迸出
一句「什麼事？」。從這個觀點看，「什麼事？」這句大哉問跟「心性
論」所問的其實是同一件事。都是因為我們不瞭解自己所處的狀態，而
對存在情境所發出的質疑。

所以這是一個溯源的問題。在這個問題的脈絡中，我們希望能認
識自己的本性，並且在對本性的理解當中，找到價值的源頭。人性究竟
是善的還是惡的？這些善惡的根源是什麼？是源於天還是源於我們的本
心？在哲學探討上，這些是很核心的問題，如果無法將這些問題做細膩
的分析與思辨，那麼勢必無法建立具有足夠深度的哲學體系。佛教有佛
教的心性論，道家有道家的心性論，儒家有儒家的心性論，雖然各家對
心性看法有所不同，但對這問題的重視則頗一致。儒家在先秦時，以論
孟心性論為主的學說原已對這問題有許多開創性的見解，但到了漢代，
儒家哲學的發展轉向了宇宙論，而事實上許多宇宙論的問題用今天的學
術分類來看，基本上屬於科學層面的問題，並不適合哲學這門以內省為
主（價值、情意、形上法則……）的學問。勞思光在《中國哲學史》中
即表示漢代哲學是「宇宙論中心哲學」，跟先秦的「心性論中心哲學」
大不相同，他認為宋明儒六百年的發展其實就是從宇宙論回歸論孟心性
論的過程，是一個正確合理的方向。

所以我們今天再去看這些宋明時期的理學家，發現他們所思所想其
實都是很關鍵的哲學問題。他們努力繞過來自異域（代表另一種不同的
文化心靈）的佛教，與偏向宇宙論（也因而失去許多哲學成分）的漢代
儒家哲學，依中國人的習性、思維方式，力圖與先秦儒家的心性論哲學
接軌，這裡頭說起來有一大片深具見識的人生視野。他們看到了人類存

在情境當中許多有意義的問題，對我們在「哲學與人生」這領域裡所思考的問題頗有啓發作用。我們試擧兩例說明。

譬如說「致中和」的問題。

所謂「致中和」是《中庸》裡的說法，談的是人的一種理想狀態，在這樣的狀態中，人本身以及宇宙萬物都達到一種完美的平衡，不會太多也不會太少，每件事都落在該落的地方，而且都能有很好的發展。

《中庸》原文是這麼說的：「喜怒哀樂之未發，謂之中，發而皆中節，謂之和。中也者，天下之大本也，和也者，天下之達道也。致中和，天地位焉，萬物育焉。」

這段文字描述了人內在的本質，認爲我們承受自「天」（《中庸》第一章劈頭便說「天命之謂性，率性之謂道，修道之謂教」，我們的內在本質來自於「天」）的那個內容，其實包括了喜怒哀樂各種不同的可能性，這些情緒如同熟睡的貓般，窩在我們內心深處，在它們「未發」之前，其實無所謂好壞善惡可言。重點在於一旦它「發」了，也就是它們在我們日常生活的各個細節當中產生了效用，可能是喜，也可能是怒，或哀，或樂，都好，只要能夠「中節」，便都是好的。什麼是「中節」呢？所謂「中節」就是合乎自然的節度，朱熹在《四書章句集注》裡說：「發皆中節，情之正也，無所乖戾，故謂之和」，表示一切都在適度的範圍之內，人有七情六慾，我們不能否定它們的存在，卻可以透過主體的自覺與行爲的操持（程頤：「涵養須用敬，進學在致知」），讓它們該怎樣就怎樣，像蘇東坡形容文章時所說的「常行於所當行，常止於不可不止」（蘇軾・〈答謝民師書〉）如果能做到這一步，不只是人，連天地萬物都可以放到一個進退得宜的井然世界裡。也就是「天地位焉，萬物育焉」那樣的境界。

朱熹花了很多工夫去思考這個問題當中的許多細節，他從這段文字中已發、未發的狀態去揣摩人「心」的狀態，對他而言，這應該是一個非常貼身而且核心的問題。說貼身，是因爲他每天一低下頭便可以感覺

到這些問題的存在（人為什麼有七情六慾？這些七情六慾為什麼常會令我們感到痛苦？我們該怎麼面對這些東西呢？），人如果不談這些身內之物，又要如何侈談更遙遠的萬物？說核心，則是因為由這心性的脈絡出發，可以逐步建構出對宇宙萬物的理解。這是儒家心性哲學的特色，可近可遠，可淺可深，《中庸》第十二章：「君子之道，費而隱。夫婦之愚，可以與知焉。及其至也，雖聖人亦有所不知焉。夫婦之不肖，可以能行焉，及其至也，雖聖人亦有所不能焉。……君子之道，造端乎夫婦，及其至也，察乎天地。」這段文字充分說明了儒家哲學的廣闊性，我們可以說，宋明儒者對心性一些非常精微的分析，其實所處理的也不外是日用人倫中的一些問題，只不過其中因為道理相通，說著說著就讓人家覺得跑遠了。其實小橋流水，鳥語花香，這些大師所談的問題，就在你我的日常生活當中。哲學與人生，可一點都沒隔閡啊！而就另一個方向說，這些個人的、日常的生活道理，卻又可以上通宇宙萬物，所謂「踐仁知天」，天道與性命通而為一，也就是牟宗三先生所謂的「道德形上學」。牟宗三說：「中國沒有神學，照中國的文化傳統就叫做道德的形上學，道德形上學的內容就是天道性命通而為一，這個是宋明儒學的論題。照《孟子》講，就是盡性知心知天。照《論語》講，就是踐仁知天，下學而上達，上達就是知天，通過實踐把仁道體現出來，你就可以知天道。」❾這段話可以幫助我們掌握宋明儒學的思路，對「哲學與人生」裡的一些問題應該也能有所啓發，我們是否因此領悟到人的道德與宇宙萬物的某種關係呢？

　　德國存在主義哲學家海德格曾經表示，所謂的「真理」並非「言說與事實的『對應』（correspondence）」，為什麼？因為如此一來，真理變成一種靜態的東西，而缺乏人對「實踐」的要求。那這裡面應該要加入什麼呢？應該要加入人的行動，加入行動才能「開顯」

---

❾牟宗三，《周易哲學演講錄》，聯經出版社。

（manifestation）真理。想想看，王陽明講「知行合一」，強調「良知」裡所蘊藏的道理，若不能實踐出來，是無法成為真正的「知」的，他跟海德格是不是在處理同樣的問題呢？上一段提到的「踐仁知天」或「盡性知心知天」，不也是碰觸到同樣的問題嗎？可見人同此心，心同此理，古今中外許多大哲在生命歷程中所感受到的問題原型與解決的思路是有共通性的，我們是否會因為這樣的理解，而感受到宋明理學與我們其實頗為親近呢？

　　舉個例子來說。大家聽到「善」這個名詞都不會覺得陌生，大部分的人都會認為自己是瞭解「善」的，對於「什麼是善？」這個問題，可能有不少人可以滔滔不絕講上十分鐘，但這樣真的就對「善」有透澈的理解了嗎？其實未必。

　　就以「施比受更有福」這句話來說吧。「施捨是一種善行，它比接受別人的東西更有福氣」，當有人告訴我們這個道理時，我們可能會依據平常的生活經驗去揣摩個中感覺，並用某種「將心比心」、「以此類推」的邏輯去確認自己是否明白這個道理。這樣的過程當然有一定的準確性，但畢竟這句話裡邊蘊含了一個未完成的行動（「施」與「受」的實踐），因此如果沒有實際的動作，對於整個情境便會缺乏一種「立體的」理解，也就是海德格說的「開顯」。這其中的差異是很大的。

　　中國有一句話說「不經一事，不長一智」，這裡所說的「經一事」，我們可以理解為就是實踐。當我們實際地在經驗層次上歷經了施與受的感受之後，各種行動與觀念相互辯證出的細節會充塞在擴大後的立體情境中。這在哲學的理解上其實居於一個關鍵性的位置，缺了這一環，整個理解會落空甚至不知所云。而充實了這一層，看起來平實無比的觀念都會有豐盈飽滿的內容。

　　神學家保羅・田立克曾經自述他在一次大戰服役期間，有次休假外出，在柏林的美術館看到文藝復興時期義大利畫家波提伽利所畫的〈聖母與聖子以及八位歌唱的天使〉，當他接觸到聖母的眼神時，忍不住哭

了出來，他後來形容那是一種「啓示性的狂喜」，也就是那瞬間他懂了，懂了什麼？懂了戰爭的愚昧、人類的苦難、聖母的愛。而他之所以那麼百感交集，有那麼強烈眞實的感受，是因爲他親眼目睹軍中的袍澤在戰爭中一一死去，直到戰爭結束，總共有三分之二的戰友失去了他們年輕的生命，田立克因而知道什麼是戰爭，什麼是愛。這個經驗跟他日後成爲神學家有直接的關係。美國小說家馮內果在經歷了二戰時的德勒斯登大轟炸之後，寫出了深刻的反戰小說《第五號屠宰場》，這些都跟經驗層次的實踐有密切關係。

所以「善」必須被實踐出來才有可能是有深度的，關於「善」的知識才可能是完整立體的，我們要如何才能理解「施比受更有福」這句話呢？王陽明的「知行合一」的確能給我們不少的啓發。

大家都聽說過王陽明在貴州龍場開悟的故事，他當年因爲得罪宦官劉瑾，被貶到貴州龍場，當龍場驛的驛丞。貴州位處偏遠，生活條件極差，而且跟中原比起來是完全不同的文化。在這樣的情境下，所有原先生活中擁有的東西，在這裡全都不管用，他必須拋開一切，用最直接、無從閃躲的態度面對自己的生命問題。在那樣艱困的環境中，甚至連他的隨從也病倒了，不但沒人弄飯給他吃，他倒是還要照顧這些病倒的僕從。關於這段歷程，王陽明自己是這麼說的：

「龍場在貴州西北萬山叢棘中，蛇虺魍魎，蠱毒瘴癘。與夷人居，躲口難語；可通語者，皆中土亡命。舊無居，始教之範土架木以居。時瑾憾未已，自信得失榮辱，皆能超脫，惟生死一念，尚覺未化。乃爲石槨，自誓曰：『吾惟俟命而已。』日夜端居澄默，以求靜一，久之，胸中灑灑，而從者皆病，析薪取水，作糜飼之；又恐其抑鬱，則與歌詩，又不悅；復調越曲，雜以詼笑，始能忘其爲疾病夷狄患難也。因念曰：『聖人處此，更有何道？』忽中夜大悟格物致知之旨，寤寐中若有人語之者，不覺呼躍，從者皆驚，始知『聖人之道，吾性自足，向之求理於

事物者，誤也。』」❿

　　在這段敘述中，我們可以看到王陽明生命態度的轉變，這種轉變最重要的一點在於，他必須處理自己當下的生命情境。回過頭想，他發現往昔在朝爲官時，有各種不同的文明形式擋在「心」與「理」之間，這是文明爲了取得正當性與延續性時，往往會帶來的副作用。打個比方，一對情侶之間的愛原本是非常單純的事，愛就是愛，可以是很純粹的。可是一旦進入文明社會，尤其是商業社會，愛這件事就變得很複雜。譬如說，情人節時彼此之間一定要有所表達，雙方生日時一定要記得送禮物，沒事要傳個簡訊互表思念……，各種逐漸制度化的儀式不一而足。但這樣一來人很可能一步一步被制約而不自知，距離眞實的愛越來越遠，有一天赫然驚覺自己已經不知道什麼叫做愛了。想想，在京城當官的王陽明是否也是如此呢？從他一路科舉應試，到考上進士入朝爲官，這中間累積了多少雜質在他身上？從讀書人的酸氣到官場的虛僞，恐怕都在他身上留下難以去除的痕跡，這要他如何能明心見性，看清自我呢？

　　所以王陽明被貶到龍場是因禍得福，他因此有機會可以見到最無遮掩的本心，也因此才有機會悟到「聖人之道，吾性自足，向之求理於事物者，誤也。」一切本來就在自己的心上，唯一需要的是將之實踐出來，「理」只有做不做的問題，做了，就實現了，懸著，就只能是空著溫著，什麼理都談不上。所以，一個人若不能低下頭觀看自己，只想在心的外邊尋找道理，那永遠是不會貼切的。依這樣的理路想下去，「知行合一」就是必然的結論了。

　　綜上所述，我們瞭解到看似道貌岸然的理學家，其實處理的問題都很生活化，我們多用點心思去體會，一定會有不少收穫的。

---

❿《王陽明全集》，上海古籍出版社。

第三章

道家的哲學智慧

第一節　人與自然

　　人類在工業革命之後，進入了科技力量越來越強大的年代，就正面意義來說，這種趨勢讓人類打破了許多先前歷史中的舊典範，也因此為自己開了好幾扇窗，見到了很多以前所不曾見過的風景。到了二十世紀的六〇年代，人類甚至一舉登陸月球，澈底改變了自古以來大家對月亮的想像。想想，那麼高的月亮就這樣上去了，還有什麼做不到的呢？從此人類儼然一副無所不能，就要利用科技征服整個宇宙的模樣。

　　但凡事物極必反，人類的科技雖然還不到「極」，可是很多副作用卻已出現，從核武危機到地球暖化、生態保育等等不勝枚舉，許多逐漸出現的問題都提醒我們，有必要停下腳步，反省一些科技倫理的問題，思考一下我們究竟該如何看待人類所處的這個地球。其實不必捨近求遠，在中國傳統的典籍當中，就有很多跟當今主流價值不盡相同的智慧可供學習，大家不妨參考看看。譬如說，我們在《道德經》裡看到了「夫物芸芸，各復歸其根」這種尊重萬事萬物本來狀態的態度，這不是跟當今的環保綠色思維很能呼應嗎？大自然是一個無盡寶藏，人在它的前面最好不要太自大，那我們該如何看待「人與自然」的關係呢？儒家道家都提供了一些思考的方向，以下就舉幾個例子來談談。

　　關於「人與自然」，我們在《易經》乾卦與坤卦的象辭裡讀到「天行健，君子以自強不息」和「地勢坤，君子以厚德載物」這兩個句子。在這兩個比喻性的描述中，象辭的作者確立了人與天地之間的隱喻關係，在這種關係當中，人首先是必須跟天地大自然學習，而後與之共存共榮，並非要盛氣凌人地去征服宇宙。這個確立很重要，一下便把整部《易經》的調子定下來了。一個完美的「君子」在這裡找到一個存在價值的根源，就像一個學佛的佛教徒，他將精神全面投向釋迦牟尼佛所樹

立的典範，釋迦牟尼佛怎麼說怎麼做，他就怎麼說怎麼做。佛的存在好比燈塔，讓學習者在茫茫大海中有所依循。同樣地，對一個儒者而言，他將他的精神投向了天與地，他看到太陽每天上升又落下，億萬年運行毫不怠惰，體會到一個有德的君子應該和天道一樣地勇猛精進，自強不息。又看到大地承載萬物，無所不包，而體會到一個有德的君子必須有廣闊的胸襟，才能夠海納百川，成就大格局。台灣清華大學的校訓就是「自強不息，厚德載物」這八個字，是對年輕學子一個很好的期待。天地人至此三位一體，中國傳統哲學的視野果真讓人覺得既恢宏又開朗。

　　這種在人與自然之間的觀察極有開創性，讓人的視野不只停留在人的世界，宇宙六合內外處處玄機，苟能細觀深思，必大大有助於開拓人文世界的格局。老子說：「道生一，一生二，二生三，三生萬物」，主張所有的存有其實有一個共同的源頭「道」。既然如此，那許多形上原理在不同的形下萬物中實現，人與自然之間可以相互參照，自是順理成章的事。只不過諸子百家彼此內蘊之價值有別，前提不盡相同，橫看成嶺側成峰，遠近高低各不同，各家所發展出來的論述因此各有勝場，然不論如何，這種跟大自然學習的精神是必須珍視的。

　　當然，在儒家這種大開大闔的態度之外，我們也看到一些道家從大自然學來的智慧。就以老子對水的觀察為例，老子從水的特性裡，體悟出最高的「善」應有的面貌。他在《道德經》裡說：「上善若水，水善利萬物而不爭，處眾人之所惡，故幾於道。」（第八章）又說：「江海所以能為百谷王者，以其善下之，故能為百谷王。」（第六十六章）這裡觀察的重點在於「下」，水就是因為能待在一個大家不喜歡的低下地方，所以能成為「百谷王」。老子接著便從這裡將「居下不爭」的原裡推論到聖人身上，「是以聖人欲上民，必以言下之，欲先民，必以身後之。」他非常清楚地點明聖人的位置是「下」與「後」，這樣的位置才不會讓民眾感覺到壓力。其實不只聖人與百姓，許多有上下位關係或權力關係的人，譬如說師生或長官與部屬，面對的不也是同樣的狀況嗎？

這些在上位者,可曾想過他們第一個要思考的,竟然是位置的問題。能夠處在那樣的位置,聖人才能夠「處上而民不重,處前而民不害」,接下來「是以天下樂推而不厭」,大家這樣才會真心地擁戴他。最後,老子下了一個結論,為什麼聖人可以處在他的位置呢?因為聖人「以其不爭,故天下莫能與之爭」,這不是很奇妙嗎?

也許你會認為老子的說法有點權謀,甚至是心機太重,的確,這也是老子學說後來常被運用到帝王統治學的原因。他比較靈活,不像儒家那麼明白確定,所以有很多模糊的空間讓人摸不清底細。但不管如何,這畢竟是老子從大自然水的流動中體會到的人生哲學,當它被用到現實生活中時,相信有不少飽於世故的人是覺得很貼切的。

再舉一個莊子的例子。莊子〈人間世〉裡提到一個姓石的木匠,有一天他跟徒弟路過齊國時看到一棵巨無霸的樹,樹蔭底下可以供好幾千頭牛遮涼,可是這位木匠卻看也不看就走了過去,徒弟不解,問他為什麼對這棵樹沒興趣?木匠說,唉呀!別說了,那是沒有用的散木啦!「以為舟則沉,以為棺槨則速腐,以為器則速毀,以為門戶則液樠,以為柱則蠹。是不材之木也,無所可用,故能若是之壽。」簡單講,就是因為無用,這棵樹才能長那麼大而沒被人給砍了。石匠是逆回去看,他看它長那麼大,想都不用想便知道這是一棵沒用的樹,所以逕自走過去,一點興趣也沒。

到了晚上,石匠還夢見這棵大樹講道理給他聽。大樹跟他說,有很多果樹,一旦果實熟了,就被東剝西扯得不成樹形,無法終其天年,這都是因為被自己的才能所害,所以,「予求無所可用久矣」,只有力求「無用」,才能保全自己。

這個故事若讓一個曾經因才遭忌的人讀起來,必定感觸良多。歷史上這種人多如牛毛,蘇東坡不就是一個?他的〈洗兒詩〉寫得多麼怨嘆:「人皆養子望聰明,我被聰明誤一生,惟願孩兒魯且愚,無病無災到公卿。」這首詩與其說是在期待兒子,不如說是在感慨自己。台語俗

諺說「有一好沒兩好」，老天爺往往在這邊幫你開了一扇窗，卻也同時在另一邊為你閉上另一扇窗，倒過來也一樣，這邊閉上，那邊就打開。該如何取捨，的確需要有一些智慧的抉擇。

　　不管如何，這些體會都是哲人們從大自然中觀察而來的心得。我們平常看大自然好像就是那樣存在著，沒跟我們說什麼話，其實不然，對一個善於觀看和思考的人來說，大自然透過一些現象的變化，可以說每一刻都用一種自然的語言在與我們對話，能否體會，或許就要看我們的慧根夠不夠了。下回在讀了中國傳統哲學裡的一些思想後，試著學習這些哲人們「仰觀日月星辰，俯察鳥獸蟲魚」，在人與自然之間多加觀察，說不定也可以體悟到一些什麼人生的道理呢。

第二節　〈齊物論〉的智慧

　　莊子的〈齊物論〉是相當有名的一個篇章，很多人都聽過這三個字。所謂「齊物論」，其實分成兩個部分，一個是「齊」「物論」，一個則是「齊物」「論」，兩者所涉及的問題可說都相當現代。

　　就前者而言，莊子想談的是各種理論所隱含的成見，大家常常都主觀地用自己的觀點否定別人的觀點，而不自知。這是「論」的層次的問題。而後者則是要申論他的萬物平等觀，是「物」的層面問題。對這兩個問題的討論，在當今社會都頗能啟發我們對一些議題的思考。

　　莊子在談「齊」「物論」時提到「成心」，什麼是成心呢？簡單說成心就是成見，也就是一個人腦裡根深柢固的偏見。這種情形很普遍，幾乎每個人都有，都會犯這樣的毛病。為什麼會這樣？因為每個人的成長都有不同的脈絡，個性不同，家庭背景不同，生活地區不同，際遇不同，這些點點滴滴造成的影響，往往將一個人「圈」進一個他自己都不自覺的位置，然後他就處在這個位置看世界，當然，許多他所認為的

「眞理」，也都是從這個位置的角度出發的。因此，我們不難理解，這世界上爲什麼每天有那麼多的爭辯發生，從政治經濟到教育文化，從中央到地方，從國內到國際，通通是公說公有理，婆說婆有理，許多問題吵再多年還是沒有結論。以「全球暖化」這個看起來關係到全體人類福祉的議題，似乎大家應該比較容易取得共識才對，可是2009年年底的哥本哈根會議，雖然有高達一百九十多個國家與會，卻是人人各懷鬼胎，各自都站在自己的立場說話，這就是「成心」。

有成心就有是非之爭，或者倒過來講，我們的社會之所以有那麼多是非，就是因爲有成心。從邏輯的層面來看，「成心」是先於「是非」的，如果有人抱怨爲什麼世界上有那麼多是非之爭，那他不如先想想爲什麼大家都有一個成心的問題。莊子說：「夫隨其成心而師之，誰獨且無師乎？」意思就是，如果大家都用一己的私見去訂定標準，那誰會沒有自己的標準呢？所以，莊子在〈齊物論〉中說了一句很有意思的話：「言非吹也」，意思是說，人說話跟大自然裡風吹萬物不一樣。雖然兩者都有聲音，但一個有成心，自定標準，所以彼此爭論不休。一個則是自然形成，風吹到不同的地方會發出不同的聲音，風停聲也停，跟人類講話大不相同。人類的言論是「言者有言，其所言者特未定也」，每個人都各有主張，但每個人說的都不能成爲最後的判準。

莊子因此便感慨地下了一個小結論：「道隱於小成，言隱於榮華」。所謂「小成」指的是局部的認識。如前所述，人因爲有成心，所以只能看到部分的眞實，這麼一來，完整的「道」便被遮掩了。再者，我們的言論又常被表面虛浮的辭藻給矇蔽，「故有儒墨之是非，以是其所非而非其所是」，對方說不對的，我就說對，而對方說對的，我就說不對。這種情形在我們當今社會是不是也很常見呢？尤其政治上的辯論，的確常出現「是其所非而非其所是」的狀況，這都是「道隱於小成」的後果。

〈齊物論〉當中對人這種囿於一隅的情況有一段頗爲生動的論證：

「物無非彼，物無非是。自彼則不見，自是則知之。故曰彼出於是，是亦因彼。彼是方生之說也，雖然，方生方死，方死方生，方可方不可，方不可方可。因是因非，因非因是。是以聖人不由，而照之於天，亦因是也。」

　　這段唸起來像是繞口令的句子，說的其實是一般人往往不察的觀點轉換。對人而言，「彼」跟「是」（也就是「此」）是兩個相對的位置，你從那邊看過來，我就是一個「彼」，但是我從這邊看自己就是一個「是」，人的觀點總是這樣相對待。而且一旦有人主張這樣，便立刻有人主張那樣，有人說對的，就有人說不對，到底聽誰的好呢？

　　於是莊子在文中提出「莫若以明」和「照之於天」的說法。所謂「以明」，陳鼓應教授在《莊子今註今譯》一書中譯為「以空明的心境去觀照事物本然的情形」，聽起來有點抽象，但總之就是要把人類造成「小成」的習性去除掉，放空心靈，去能接納跟自己不同觀點的意見。想想，在當今尊重多元價值的民主社會中，我們需要的不也是同樣的東西嗎？莊子在兩千多年前的觀察，看來到今天還是很管用的。而所謂「照之於天」的意思也近似，既然人的視野那麼不足恃，那我們就聽聽超越於人之上的「天」怎麼說吧。這裡的「天」是指「自然」，看看自然對我們做了怎樣的啟示，可以讓「道隱於小成」的人類有更開闊的智慧。

　　所以我們可以說，莊子的〈齊物論〉在「齊」「物論」這點上有很強的批判性。批判什麼呢？當然是批判人這種單向度的觀點。這種限制就某種意義而言，幾乎可以說是人的宿命，就跟人沒辦法像鳥那樣飛，也沒辦法像魚那樣在水底游一樣，是沒辦法的事。重點是，我們對這種情形應該有自知之明，知道自己是有限的，知道自己的主張只是從某個角度觀察所得的結果，不是完整的，當然也不會是一個最後的定論，其他不同的意見也都跟我的主張擁有同樣的正當性，我掌握的真理不會理所當然就比別人正確。這種自知之明很重要，就像我們必須先知道且承

認自己不會飛，才有可能去想辦法做一個會讓我們飛的飛機，否則自以為會飛便從山頂往下跳，豈不摔成粉身碎骨？所以蘇格拉底說承認無知才是知的開始，是很有智慧的一個觀察。我們如果緊緊抓住自己的想法不放，認為只有自己才是對的，不能放空，又怎麼會有機會超越自己，接觸到更多更完整的思想呢？莊子的說法在這裡跟蘇格拉底的看法有相通之處，不管是「明」或「天」，其實都是一種放棄「我執」的超越，而用比人更高的標準去衡量人間的世俗意見，一旦如此，所有由人發出的「物論」便必須等量齊觀，沒有特權，反正都是從某個一己的觀點出發，沒有誰是特別正確的，這一來不就「齊」了嗎？重要的是，「齊」了之後，我們才有機會獲得更高層的智慧，而不像井底之蛙那樣以為自己什麼都知道。我們說莊子的〈齊物論〉有很強的批判性，指的正是這種有建設性的自我批判。在求知的道路上，這種自我批判是非常重要的。放到現實裡來看，一些常因為觀點不同而爭得臉紅脖子粗，甚至就大打出手的人，如果能有莊子的智慧，是不是會覺得自己的行為很可笑，因此減少一些與人的爭執呢？

接下來我們來看〈齊物論〉另一個層次的討論，就是「齊物」「論」。在這一部分中，莊子持續破除人類對「我」的偏執，主張一種物我合一（「天地與我並生，而萬物與我為一」）的豁達視野，在這樣的視野當中，人可以消除狹隘的排他性，讓自己對萬事萬物兼容並蓄，甚至比「十日並出，萬物皆照」的境界更勝一籌。莊子說了幾個故事來說明這種萬物一體（也就是「齊物」）的道理。

首先他提到，堯有一天問舜，他想討伐宗、膾、胥敖這三個不聽話的小國，可是他每次一上朝想到這件事心裡就不舒服，為什麼？舜說，哎呀，這三個小國就那麼一丁點兒，好像存活在蓬蒿艾草中一般，根本微不足道，你又何必放在心上呢？以前聽說曾經有十個太陽一起出現，把宇宙萬物都照得暖洋洋的，多麼開闊包容啊！你的道德光芒還勝過太陽，怎麼會跟他們計較呢？

　　這個故事呈現了莊子萬物一體的思維和精神。故事背後的意思是，一個具有開放心靈的君王，是不會因著一己的私念而有強烈排他性的，君主若跟太陽一樣，那普天之下有什麼不能包容的呢？就算人家跟你有不一樣的想法，站在「萬物與我爲一」的觀點，也應該都能接受啊！

　　接下來莊子利用齧缺和王倪的對話說明，很多現象其實是「道」在不同地方的顯現，我們不應該用自我的感受去衡量、評斷其他的事物，要有更寬闊的心胸去接納跟你不同的東西。其中王倪說了一段話比較人跟其他動物之間的差別，十分有趣且發人深省。

　　「民濕寢則腰疾偏死，鰍然乎哉？木處則惴慄恂懼，猨猴然乎哉？三者孰知正處？民食芻豢，麋鹿食薦，螂蛆甘帶，鴟鴉嗜鼠，四者孰知正位？猨猵狙以爲雌，麋與鹿交，鰍與魚游。毛嬙西施，人之所美也，魚見之深入，鳥見之高飛，麋鹿見之決驟。四者孰知天下之正色哉？」

　　這段話的大意是說：人放在潮濕的環境會腰酸背痛，但泥鰍不會。人怕高，但猴子不怕。到底誰比較正常？人吃肉，鹿吃草，蜈蚣吃小蛇，貓頭鷹跟烏鴉吃老鼠，哪一個才是標準口味？而像毛嬙西施這種大美人，卻是讓魚啦鳥啦鹿啦，看到了就跑光光，到底漂亮在哪裡呢？

　　莊子在這裡點出了人類常陷入「自我中心」而不自覺的毛病。因爲跟其他動物一比，我們會發現，自己的價值判斷根本不能當作唯一的標準。人喜歡的，其他動物未必喜歡。就以我們周遭常見的寵物飼養來說，寵物主人有時會把自己的喜好加諸寵物身上，他或許因此得到快樂，但他養的寵物或許苦不堪言也未必。更有甚者，人類的一些行爲根本就是擺明著把自己的快樂建築在動物的痛苦上，歐洲近年來常有愛護動物人士抗議法國鵝肝醬的做法，因爲那必須把鵝灌食灌到肝肥大，對鵝是相當殘忍的。其實台灣民間大拜拜時常見的豬公大賽在這方面也不遑多讓，拚命灌拚命塞，豬養得越胖主人越有面子，很多人看大豬公整天有吃有喝還有電風扇吹，直說眞好命啊！天曉得這豬公可能又熱又脹痛苦得不得了，更糟的是，大拜拜過後難逃一死，一個不知招誰惹誰的

無辜生命就這樣祭了人類的五臟廟。你說人類是不是很自私呢？

　　所以莊子的論點是很有視野，很有高度的，他不是只看到人類自身，他是整體地看，沒有分別心地看。莊子在〈齊物論〉裡這樣形容聖人：「旁日月，挾宇宙，爲其脗合，置其滑涽，以隸相尊。眾人役役，聖人愚芚，參萬歲而一成純。萬物盡然，而以是相蘊。」這段文字描繪出一個兼容各種紛亂變異，自己卻又精純不雜的聖人形象。這裡可以看出莊子的超越境界，在這樣的前提下，我們自會尊重（包容）各種不同的價值，不管對他人，或對其他的萬事萬物，都一樣。〈齊物論〉裡甚至對一般人的生死觀念也提出了不同角度的看法：「予惡乎知說生之非惑邪！予惡乎知惡死之非弱喪而不知歸者邪！……予惡乎知夫死者不悔其始之蘄生乎！」簡單說，你怎麼知道「生」會比「死」好呢？搞不好你死了以後還很懊惱當初爲什麼那麼貪生哩！

　　基於同樣的思維，莊子在〈齊物論〉的最後一段說了一個蝴蝶的比喻。他說他有一天夢見自己變成了蝴蝶，飛來飛去快樂無比，想都沒想過他這隻蝴蝶身其實是莊周變的，要等到醒來才知道自己是莊周不是蝴蝶。但反過來說，既然如此，那麼在你平常以爲自己是莊周時，又怎麼知道自己不是蝴蝶變的呢？莊子因此在這問題上自問自答：「不知周之夢爲蝴蝶與，蝴蝶之夢爲周與？周與蝴蝶，則必有分矣。此之謂『物化』。」意思是說，莊周與蝴蝶，雖然表面上看起來不一樣（必有分矣），但萬物一體，這兩個東西（我們可以將「莊周與蝴蝶」解讀爲主體與客體）的界線是可以消除而融合爲一的，這叫做「物化」。物化就是轉變，事實上，人活在時間當中，轉變是必然的。但往往很多事情變來變去，卻是萬變不離其宗，只要我們觀察得夠深入，就可看出很多事情底下相通的本質。「莊周夢蝴蝶」只是一個比較誇大的說法，這其中的道理倒還蠻平實自然的。

　　莊子這一路的思想對一般人而言，可說是大破大立，有相當的革命性、顛覆性。他不像儒家那樣死心塌地，就只看著眼前的這個社會，

要把這社會建設成他想像中一個的理想模樣。莊子探索了許多更本質性的東西，這種質問的精神並不是那麼適合儒家所期待的穩定社會，也難怪錢穆在《莊子纂箋》的序言裡說：「莊子，衰世之書也。故治莊而著者，亦莫不在衰世。」這句話可供我們體會莊子這種不受限的顛覆性格與社會建設之間的關係。為什麼是「衰世之書」？道理很簡單，因為當盛世之時，一切典章制度、倫常觀念都井然有序，社會在穩定中求發展，這時候莊子式的跳躍思維是不會讓人覺得貼切的，反倒會讓人覺得扯太遠，不知所云。而一旦到了所謂衰世，社會的穩定系統遭到破壞，人們便有了一個機緣去打開另外一扇窗，看看不同的風景，為生命另找出路。這時《莊子》書裡的一些想法便很有可能讓人覺得貼切了。說是衰世之書，還真是沒錯。

姑且不論盛世或衰世，我們就把《莊子》一書中所透露出的智慧當作生活中的一種可能性，那麼，在打開這扇窗之後，或許我們真能看到人生全然不同的面貌，而改變了以後生命的軌跡也說不定，大家不妨仔細體會，自己去印證莊子的意境吧！

第三節 「庖丁解牛」的意涵

莊子在〈養生主〉這一篇裡說了一個「庖丁解牛」的故事，這故事的意涵十分豐富，可以應用到人生幾個不同的層面上。包括養生、處世、政治，乃至於藝術各方面，不同的人會有不同的體會。這故事是這麼說的：

莊子說，有個庖丁替文惠君宰牛，整個過程所發出的聲響完全合乎音樂舞蹈的節拍，劈里啪啦地簡直就像一場藝術表演，精彩得不得了。文惠君看了之後非常訝異，問他是怎麼做到的。庖丁於是放下屠刀說了一番道理，解釋為什麼他可以將宰牛這樣的一個技術性動作提升到

「道」的層次（「臣之所好者道也，進乎技矣。」）。庖丁說得十分仔細而且有條有理，深具啟發性，結果文惠君聽完之後大有體悟，倒是下了一個有點出乎意料的結論，他說：「善哉！吾聞庖丁之言，得養生焉。」這從宰牛之道跳躍到養生之道，是怎麼回事呢？我們先來看看庖丁是怎麼說的。

庖丁說他剛開始做這一行時，看到的就是一整頭牛（「始臣之解牛之時，所見無非全牛者」），意思就是說他不知道任何訣竅，只能傻乎乎地硬砍。大家想想，一頭牛體內有那麼多強韌的筋骨，如果不瞭解其中結構，那是不是砍下去的每一刀都是硬碰硬，會讓刀子本身受到傷害呢？這就像我們的身體，如果要好好對待它的話，就應該知道它的本性，不能硬生生地做一些違反身體自然的動作。然後，庖丁說，這樣慢慢摸索了三年之後，他已經可以掌握竅門了，現在他憑的是心領神會，而不是靠眼睛的觀測（「方今之時，臣以神遇而不以目視，官知止而神欲行」），能夠「依乎天理，批大郤，導大窾，因其固然，枝經肯綮之未嘗，而況大軱乎！」，意即可以順著牛隻身體的天然結構，從筋骨關節的空隙處下刀，這一來，刀子在解牛的過程中就不會有任何的損傷。他得意地說，一般的庖丁每個月要換一把刀，好一點的庖丁可以一年才換一把刀，而他的刀已經用了十九年，宰解過幾千頭牛，卻新得好像剛磨好一樣（「而刀刃若新發於硎」），這位庖丁對自己的技術真是滿意極了。文末在形容他解牛之後的神情時，莊子甚至寫下「提刀而立，為之四顧，為之躊躇滿志，善刀而藏之」這樣的句子，真是把宰牛一事推到了一個高峰。

其實對中國養生術略有體會的人，應該都會發現，只要把文中的「牛的身體」看成是「人的身體」，而將那把刀的解剖動作看成是我們每天對身體的操持，就能夠瞭解為什麼文惠君在聽了庖丁的說明之後，會想到養生之道。的確，在道家天人合一的思維原型裡，一切都必須順著自然的理路，不能蠻幹，從身體到待人接物的社會行為，乃至於人和

宇宙的順應配合，上焉者都要做到這一點。「庖丁解牛」是個恰如其分的隱喻，點出我們該如何善待身體的方法，讓許多人讀了豁然開朗。

　　但這樣的一個故事，是不是只能往養生的方向理解呢？當然未必如此。徐復觀教授在《中國藝術精神》一書中，就對「庖丁解牛」這故事中所顯現出來的藝術創作精神有很精闢的詮釋。他認為，

> 而如果你要把這個故事往政治方面理解也無不可。所謂「政治是管理眾人之事」，在當今民主社會，一個政府官員要處理任何一件公共事務，都不可能跟極權政府一樣，用強制的力量去達成目的，否則就會跟不入流的庖丁一樣，每月甚至每天要換一把刀，那損傷可就大了。政治事務因為涉及到不同人的不同想法、生活條件、價值觀、習俗等等因素，其中的錯綜糾纏絕對不下於一頭牛體內的筋骨盤結，這時候，庖丁所說的做法就很值得我們參考了。「庖丁解牛」的故事中有另一段文字敘述當庖丁遇到一些棘手的問題時，他如何處理：「雖然，每至於族，吾見其難為，怵然為戒，視為止，行為遲。動刀甚微，謋然已解，如土委地。」庖丁講得很好，要「視為止，行為遲，動刀甚微」，也就是說要眼神專注，看清楚問題在哪裡，然後小心謹慎，不要大動作處理，這樣才能在關鍵的地方下手，而且一出手問題便迎刃而解。這樣的用心跟態度，不是對處理複雜的政治事務大有助益嗎？其實不只政治事務，很多事情，從自然科學領域到社會科學領域，只要夠複雜，往往都需要我們用這樣的方式面對，你看，一個「庖丁解牛」大家各自解讀，是不是給了我們很多不同層面的啟發呢？

　　「庖丁解牛」是〈養生主〉其中的一段，在這故事之後，莊子又講了「公文軒見右師」、「澤雉神雖旺卻不善」，以及「老聃死，秦失弔之，三號而出」的故事。這幾個故事都有一個共通點，就是強調我們應

該把握自然之理。看到缺一腳的右師不必驚訝。看到被關在籠子裡的野雞，知道牠並不自在。而面對老聃的死亡，也應該用「安時處順」的平常心看待，才能超越痛苦（「古者謂是帝之懸解」）。這些和「庖丁解牛」裡說要「依乎天理」去解剖一頭牛，道理是一樣的。總之，我們就是要擺脫所有的束縛，才能進入所謂「逍遙」的境界，這是莊子對人的理想精神狀態一個很重要的描述，我們接下來就來看看。

第四節　莊子的〈逍遙遊〉

〈逍遙遊〉是《莊子‧內篇》的第一篇，在這篇文字裡，莊子敘述了一種擺脫掉各種束縛之後所達到的境界，可以說是莊子思想的一個基調。

一開始莊子便用了一個生動的寓言來表達某種生命的高度。他說，北海有一隻魚叫做鯤，牠非常非常大，有多大？有幾千公里那麼大。當然，這只是一個象徵性的說法，因為莊子要呈現出一種超越世俗的大格局，所以那隻魚就必須那麼大。因為是那麼大的一隻魚，所以不可能養在小池塘裡，只有大海才能讓牠生存。大海加上大魚，〈逍遙遊〉開頭第一句「北冥有魚，其名為鯤」，就已經描繪出一幅令人神往的壯闊畫面。其中的「冥」就是大海的意思，我們也可以將它理解成浩瀚無涯的大道，若能悟道，一個人就會跟那北海裡的大鯤魚一樣氣勢非凡。

這隻鯤魚後來變化成一隻鵬鳥，也是一隻好幾千公里長的鳥，「怒而飛，其翼若垂天之雲」，有一天這隻大鳥要遷往南海，只見牠一飛起來，水花便濺了三千里遠，翅膀一拍，便到了九萬里的高空上，隨後乘著六月的大風而去，想去哪就去哪，真是逍遙自在啊！

莊子在這段文字當中，點出了一個人不受任何拘束的自由意境。這種意境並非人人可得，必須有深厚的修養方可致之。所以莊子接下來說

「水之積也不厚，則其負大舟也無力」、「風之積也不厚，則其負大翼也無力」。人與道的良好互動（也就是人對道要有深刻的體認），才可能讓人達到這樣無拘無束的境界，光是體積大，沒有大海大風的幫助，怎麼可能飛得動呢？

所以「逍遙」就是大格局，就是自由，就是超越，就是無所限制。鯤魚跟鵬鳥之說只是一個比喻，落到現實裡來說，就是指人擺脫了功名利祿等等一些人間條件的束縛之後，所得到的一種大快樂。從這角度看，快樂其實有不同的層級，今天做生意賺了五千塊是快樂，結婚生子是快樂，當上行政院長是快樂，看到中華隊打贏了韓國隊是快樂，股票漲了一百點是快樂。人生有很多快樂的畫面在生活中出現，但這些都比不上莊子所要說的那種超越世俗的快樂，這種快樂未必為世人所瞭解，所以有一隻蟬和小鳩鳥便笑那一飛九萬里的鵬鳥，唉呀！那麼累飛那麼遠要幹嘛？我也會飛啊！不就是從這棵樹飛到那棵樹嗎？飛不動下到地面來不就得了，飛那麼遠到南海做什麼呢？莊子說這叫做「小知不及大知，小年不及大年」，總之，境界不夠的人很難體會比他高的東西。

所以，有些人會因為小小的成就而自鳴得意。「故夫知效一官，行比一鄉，德合一君，而徵一國者，其自視也亦若此矣。」這意思是說，有人不過就是當個官，或是言行舉止合乎一鄉的民情，或是得到某個國君的信任，這些人就得意的不得了。哪像那宋榮子，「舉世而譽之而不加勸，舉世而非之而不加沮」，也就是說他不會受到世俗毀或譽的影響，這叫做無「待」，亦即無所拘束。莊子認為如果能順著自然之道（「乘天地之正，而御六氣之辯」），像鵬鳥那樣遊於廣大無窮的境界中，那還有什麼事情可以約束他呢？

至此，莊子便點出了他心目中理想的人的本質：「至人無己，神人無功，聖人無名」，一個理想的人應該去除自我的偏執以及功名的束縛，才可能臻逍遙之境，這些都是以超越世俗枷鎖為必要條件。在另一段文字中，莊子藉肩吾與連叔的談話，肯定了聖人不可思議的形象：

「肌膚若冰雪，綽約若處子，不食五穀，吸風飲露，乘雲氣，御飛龍，而遊乎四海之外」，而且「物莫之傷，大浸稽天而不溺，大旱金石流，土山焦而不熱」，不但不用吃飯，而且大水淹不死，乾旱也奈何不了他，這早已超越人間層次了。雖是象徵語言，我們卻也可以從這樣的描述中看見莊子所寄託的涵義。

順著這樣的理路下去，莊子在討論現實問題時，便會出現許多有別於世俗的看法。這原本也是哲學的主要功能，從不一樣的前提導出不一樣的結論。有些問題的討論我們乍看之下可能會覺得太遙遠，太不確定，沒有說服力。譬如說，希臘哲學家常喜歡談一些關於宇宙起源的問題，若以當今科學標準視之，那些主張或許只能當作是信念而非真理。可是即便如此，這些問題因此就沒有意義了嗎？其實不然，因為探討這些問題所得到的觀點，即使不是科學意義上的真實，但肯定會影響到這些哲學家們隨後對道德、政治、法律等各個層面的論述，這時所造成的影響，可能就很巨大而且很真實了。黑格爾對「精神實體」的看法，以及從這裡衍生的一套所謂螺旋式的正反合歷史哲學模式，說起來未必有什麼科學或歷史驗證上的真實可言，但他談這問題的方式跟內容啟發了馬克斯，而馬克斯據此提出整套共產主義的理論，也因此大幅度改變了近代歷史的發展。由此看來，形上與形下的區分是一回事，而兩者之間可以交相影響，因此迸發出更大的火花又是另外一回事。

同樣地，莊子這種對「理想人」（不論我們稱呼他為至人、神人，或聖人）的理念，放到現實裡談，會引導出一些與眾不同的角度。譬如說他對一件事物能做什麼，具有什麼價值，看法就跟別人不同。人家覺得沒用的，他覺得很好，人家覺得很有價值的，他倒以為沒什麼。其實這跟他「逍遙」的精神是挺一貫的，因為一個人如果不能跟世俗之見持不同的觀點，那他必定無法掙脫世俗的禁錮，這一來，怎麼還可能侈談所謂的逍遙呢？〈逍遙遊〉裡有幾個故事頗能發人深省，大家不妨看看。

　　有一天惠子跟莊子說，他有一個超大葫蘆，用來裝水嫌不夠堅固，剖開來當瓢子，卻又覺得大到沒地方擺，他覺得這玩意兒大而無當，沒什麼用，就將它打碎了。莊子聽後便講了一件事給惠子聽，他說有個宋國人會做護手膏，原本只是家裡漂洗絲絮時用來護手，有天他把藥方賣給人家，得到百金，他高興的不得了。但沒想到買下藥方的人卻將這藥方用在吳國對越國的戰場上，還因此打敗越人，得到吳王的封地。莊子說，同樣一個東西，有人拿來洗絲，有人卻可以藉此得到封地，可見萬事萬物都不是只有一種功能，就看我們怎麼用。你既然有那麼大的一個葫蘆，為什麼不綁在身上當作游泳圈，幫你浮游於江湖之上呢？只會在那裡擔心葫蘆太大，真是頭殼壞掉，不懂變通啊！（「何不慮以為大樽而浮乎江湖，而憂其瓠落無所容？則夫子猶有蓬之心也夫！」）

　　莊子在這裡要提醒我們的是，很多事情可以用不同的角度觀察，一個自由的人不應該囿於社會的定見，把自己綁在一個僵化的位置，什麼都做不成。這種說法在封建社會確實帶有相當程度的顛覆性，因為如果大家都有自己的看法，那要如何建立可以讓社會穩定的共識呢？尤其站在統治者的角度來看，莊子的說法一旦從事物實用功能的層次，延伸到倫理或典章制度這種普遍觀念的層次，那豈不是「殺很大」？甚至會「動搖國本」呢？這種對統治者形成危機的問題不只存在於〈逍遙遊〉裡，也同樣存在於〈齊物論〉和其他的篇章當中，是莊子思想的基調。可是仔細想想，這種顛覆性不正是「逍遙」的必要前提嗎？一個人如果從頭到尾都跟著社會的規範和價值走，怎麼逍遙得起來呢？這兩端在本質上是矛盾的，莊子對這點看得很透澈，他在下一段文字中甚至把問題推到了一個極端，他跟惠子建議一棵看起來完全沒用的大樹該怎麼用。那棵大樹照惠子的形容是「其大本擁腫而不中繩墨，其小枝卷曲而不中規矩，立之塗，匠者不顧。」反正怎麼看都不對。惠子甚至還順勢消遣一下莊子，說這樹就跟你誇誇其談的言論一樣，大而無用，大家都想丟掉。

　　莊子聽了之後不慌不忙地回答惠子，他說你沒見過那貓和鼬嗎？一天到晚跑來跑去，忙著要抓小動物，結果一不小心就踩到陷阱，死在人家的機關裡。但是你看那大牛，大得像朵雲，雖然沒辦法抓小老鼠，但是牠其他的功能可大了。你今天有那麼一棵大樹，大可以好好幫它想一想啊！為什麼要認為它沒有用呢？我告訴你，很簡單，你就把這棵大樹種在一個什麼都沒有，空空蕩蕩的荒野，那麼你就可以整天在樹底下徘徊，自由自在地想躺就躺，想怎樣就怎樣。反正這樣的一棵樹如你所說的，沒什麼用，那當然就不會有誰會拿斧頭來砍它。你看，這道理不是很清楚嗎？因為沒什麼用，所以不會有什麼災禍，這不是很好嗎？

　　莊子在這段文字中對比了貓、鼬這種靈活的小動物跟大笨牛。一般人對這些動物都有既定的刻板印象，可能對會抓老鼠的貓評價較高。莊子卻告訴你，你覺得有用的死得快，你覺得沒用的卻優游自在得享天年。那麼到底哪個好呢？文中所說的「中於機辟，死於罔罟」是一個很有趣的說法。想想，我們平日周遭不也是處處有「機辟」、「罔罟」嗎？而世人往往不察，跟那些「狸牲」一樣，每天忙進忙出地要發揮捕鼠之「用」，到頭來也許失去健康，也許失去生活的質感，也許白忙一場，這不也像貓踩了機關給害死一樣，值得嗎？相信這其中確實有相當大的反省空間，值得我們好好想想。

　　所以莊子的意思很清楚，作為一個不得不然的社會人（沒有人獨自生活在荒島），我們如果還想要擁有自由，就必須拋開、割斷跟這社會上許多價值規範的牽連，丟棄現實的觀點，不要只會問「這個東西有什麼用？有什麼價值？」，大家所看重的功名利祿等等榮華富貴全擺一邊，人生才可能進入一個不一樣的層次，否則，見機行事只會原地打轉，進一步退兩步，無法像鵬鳥那樣「摶扶搖而上者九萬里」，何逍遙之有呢？

　　依照這樣的邏輯，沒有用的大樹因此就變成生命至高境界的一個象徵，為什麼？因為它完全擺脫了「用」的思維，順勢便有了逍遙的氣

質，豈不美哉善哉？〈養生主〉裡頭的「庖丁解牛」之喻，強調的是避免刀子跟牛筋牛骨的直接敲碰，人也要這樣才能養生。這棵大樹不就這樣嗎？它因爲沒用，所以「不夭斤斧，物無害者」，沒有人會拿斧頭去動它腦筋，更何況還可以讓你在樹底下自在納涼睡午覺，有什麼不好？莊子這種想法，呈現了跟常人完全不一樣的人生風景，看似溫和，其實還頗勁爆呢！

　　這一來，惠子笑莊子的言論是「大而無用，衆所同去也」，似乎也就無需莊子予以辯駁了。是不是這樣呢？

 ## 第五節　莊子的「坐忘」

　　《莊子》一書充滿著追求自由的精神，不論是〈齊物論〉或〈養生主〉或〈逍遙遊〉，莊子對很多問題的思索都圍繞著「自由」這個主軸。爲什麼要齊物論？因爲不要被一些僵化的意識型態或觀點束縛。爲什麼要像庖丁解牛那樣呵護自己的身體？因爲希望自己的身體能夠在避開戕害後獲得最大的伸展空間。爲什麼要逍遙遊？那更是因爲對自由的無限嚮往所發出的歡呼。「自由」這個問題顯然是莊子哲學裡的終極關懷，作爲一個人，我們要如何才能眞正自由呢？

　　人有一個臭皮囊，就像《道德經》裡說的：「吾所以有大患者，爲吾有身，及吾無身，吾有何患？」（《道德經‧第十三章》）這是我們在現實當中想擁有絕對自由時的一道眞實關卡，有這一關，就有生老病死，人就只能是有限，而非絕對自由。看來莊子想解決這個問題，他描述了許多上天下海的想像，充分展現了他對這個問題的思考內容。東漢出現的道教也想解決這個問題，甚至對莊子所提出的精神自由境界還不滿足，道士索性追求身體層面的絕對自由，人最好可以長生不老，可以飛天，可以變神仙。道教發展了很多關於煉丹術、神仙術的研究，恐怕

跟內在想追求絕對自由的慾望有關。

我們或許可以用這個角度來看《莊子・大宗師》裡提到的「坐忘」。這個概念其實反證了人類身體的有限性：這個身體不但有生老病死的限制，而且會產生各種慾望，這些慾望會讓我們隨之起舞而不得安寧（想想，如果我們可以不吃不喝不睡，是不是可以免除許多求生的努力，而有更多逍遙自在的空間），說起來都會阻礙人的自由之路，這問題要怎麼解決呢？

莊子在〈大宗師〉裡藉由孔子與顏回的對話表達了對「因為身體的存在而產生的分解性知識」的不滿。什麼是「因為身體的存在而產生的分解性知識」？譬如說儒家最喜歡講的「禮樂」、「仁義」這樣的觀念。想想，如果我們都生活在像媽媽的子宮那樣的情境裡，完全沒意會到自己身體或別人身體的存在，那就根本沒有人與人之間分際的問題，我們還需要談禮樂仁義這些東西嗎？從這角度看，儒家的這些觀念其實是我們已經脫離最原初、最美好的狀態後，才不得已產生的對治方式，講起來是次級品啊！所以，如果我們想把自己拉回原來那更高的境界，就必須把這些都拋掉。顏回是這麼跟孔子說的：

> 顏回曰：「回益矣。」仲尼曰：「何謂也？」曰：「回忘禮樂矣。」曰：「可矣，猶未也。」他日，復見，曰：「回益矣。」曰：「何謂也？」曰：「回忘仁義矣。」曰：「可矣，猶未也。」他日，復見，曰：「回益矣。」曰：「何謂也？」曰：「回坐忘矣。」仲尼蹴然曰：「何謂坐忘？」顏回曰：「墮肢體，黜聰明，離形去知，同於大通，此謂『坐忘』。」仲尼曰：「同則無好也，化則無常也。而果其賢乎！丘也請從而後也。」

這裡顏回為「坐忘」下了一個「墮肢體，黜聰明，離形去知，同於大通」的定義。照徐復觀的說法，「墮肢體」跟「離形」是擺脫由生理而來的慾望，而「黜聰明」和「去知」則是擺脫所謂的知識活動。乍看

之下，這「墮肢體」的說法似乎跟庖丁解牛之喻裡所點出的養生之道有
所牴觸（既然那麼強調養生，為什麼又要否定身體呢？），其實不然，
這裡「墮肢體」否定的是由人的身體所延伸出去的慾望，而這些慾望正
是人之所以會違逆應有的養生之道的根源（老子不是說「五色令人目
盲，五音令人耳聾，五味令人口爽，馳騁畋獵令人心發狂，難得之貨令
人行妨」嗎？這些都只會造成我們與周遭情境的分裂），如果可以去除
掉這些毛病，我們是不是可以更接近與身旁世界融合為一的境界？

　　而所謂「黜聰明」的那個「聰明」，說起來也是從我們身體裡的
那個腦袋瓜產生，也是分解（分裂）性的。就像那被日鑿一竅，七天後
鑿出七竅卻一命嗚呼的渾沌，在莊子的思維中，這些被分裂的東西，當
然是比較差的。所以孔子聽了顏回的解釋後，下個結論說：「同則無好
也，化則無常也」，也就是說，如果你和萬物能融為一體，那就不會有
什麼偏私或偏執了。至此，你的身體及其延伸的慾望，是不是因此被取
消？我們是不是因此變得更加自由逍遙呢？

　　我們除非自殺，死了，否則我們的身體不會憑空消失。但我們可以
經由自我的領悟與操持來消解身體的慾望，這其實就是脫離了身體的束
縛，是會帶給我們很大的快樂的。

第六節　老子的二元辯證

　　《道德經》一書當中有許多乍看之下充滿矛盾的話，譬如「大成若
缺」、「大盈若沖」、「大直若屈」、「大巧若拙」、「大辯若訥」，
或是「損之而益」、「益之而損」、「曲則全」、「枉則直」、「窪則
盈」、「敝則新」、「少則得」等等，實在多得不勝枚舉。這些說法跟
很多人的經驗有落差，我們說一個人很靈巧時不會同時說他很笨拙，說
一個人辯才無礙時也不會同時說他很木訥，為什麼老子卻要說「大巧若

拙」、「大辯若訥」呢？這裡頭牽涉到老子對於「道」這件事的基本看法。

在老子的說法中，「道」是一個在經驗界之外的基本原理，它不屬於經驗層次裡的萬事萬物，可是萬物之所以會變化，卻受到「道」的支配。《道德經》裡是這麼說的：「有物混成，先天地生。寂兮寥兮，獨立而不改，周行而不殆，可以爲天下母。吾不知其名，字之曰道，強爲之名曰大。大曰逝，逝曰遠，遠曰反。」這裡我們看到老子用大、逝、遠、反四個字來形容道的特質，意思就是說這「道」很廣大，會流動，可以跑很遠，但最終卻又返回根源之處。

可是這「道」並不屬於經驗界裡的萬事萬物（有物混成，先天地生），所以這裡指的是，「道」具有讓萬事萬物產生大、逝、遠、反的動力，也就是說，在「道」的運作下，宇宙萬物會有流動變化的現象，可大可遠，但最終還是會回到最初的根源處。第四十章「反者道之動」一語，描述的正是這個現象。而在這根源處，一些對立的性質其實原本就是並存的（第四十二章說：「道生一，一生二，二生三，三生萬物。萬物負陰而抱陽，沖氣以爲和」），只不過「道」的能動性只讓物的某個側面凸顯出來，以致於模糊了它的對立面，讓人以爲只有單邊的存在。以先前提到「巧拙」的例子來說，當「巧」的一面不斷地擴大變化時，「拙」的一面可能就隱而未顯，但其實兩者之間的關係是「我泥中有你，你泥中有我」，對立面的元素從來沒有消失過，只不過事情還沒發展到「反」的階段時，這種混雜性便看不出來，必須到一個終極的程度才會顯露。老子的說法可以提醒我們不要簡化問題。

老子非常世故，他深知很多事情並不是如表面所看到的那麼單純。譬如我們有時會說某某人很成功，某某人很失敗之類的話，彷彿成敗之間涇渭分明，成就是成，敗就是敗。但其實不然，成與敗這對立的兩面往往彼此深嵌在對方的骨肉裡，二者之間的關係是動態辯證的，我們真正獲得的東西未必是我們所理解的那回事。譬如一個商人拚死命賺到了

一大筆錢，但失去了他的健康，這樣是算成還是敗呢？同樣的道理，一些看起來柔弱的東西，一旦將它柔弱的性質發揮到極致時（也就是到了「反」的階段），往往會產生一股力量，變得非常強勁。這一類的例子在日常生活中處處可見，只要我們用心體會，應當不難發現。老子這個深刻的觀察，讓我們可以對流變的現象界有更準確的掌握。不會只看到現象的某一個側面，卻忽視其背後所隱藏的巨大危機。

《道德經》全書不停地提醒大家這個道理，「反者道之動」這個核心概念可以說是老子人生觀的主軸。第十二章說：「五色令人目盲，五音令人耳聾，五味令人口爽，馳騁畋獵令人心發狂，難得之貨令人行妨，是以聖人為腹不為目，故去彼取此。」這段文字明顯表達了老子「踩煞車」的觀點，就像我們開車時不能只顧著猛踩油門，那樣會失速翻車。同樣地，我們面對自身的慾望時也不能任其奔馳，如果不知節制，原本是讓人生更豐富的事情反而會使我們目盲、耳聾、口爽、心發狂，到頭來得不償失。這就是因為我們對「反者道之動」這句話沒有深刻的體會。大家看事情如果能有一個涵蓋正反兩面的視野，那對很多事情的判斷便會大大不同。

第七節 「無為」的真諦

從老子「反者道之動」的哲學延伸，會引導到另一個「無為」的觀點。什麼是「無為」？從字面上看，「無為」似乎就是不要作為的意思，其實不然，如果真是什麼都不做的「無為」，那豈不暮氣沉沉，死水一灘嗎？這樣子的老子哲學還有什麼魅力可言呢？

我們應該從動態的觀點來看老子這個常被人提及的觀念。

既然規範萬物的「道」，其內容是「反」，所以說起來，宇宙萬事萬物都處於一種「正反相生」的動態關係中，正中有反，反中有正，

那麼，如果我們想要有一個完整的視野，就不能有「爲」，因爲一旦「爲」了下去，就會落入一個僵固的立場，看得到這邊，就看不到那邊，這就是「執」。在老子的哲學思維中，這當然是一件自我限制的事，是必須要破除的。

舉個例子來說，如果你是某國中的班導師，有天你主持班會的時候，大家要討論一個「這個週末要不要全班一起去郊遊」的議題。同學之中有贊成的，有反對的，你身爲主持會議的導師，要不要有所「爲」？也就是明確主張「要」或「不要」，依老子的觀念，這當然是不宜的。五十七章說：「聖人云：『我無爲而民自化』」，老師在以上的這個比喻裡的位置就好比那聖人，你只要把那正反兩方（也就是贊成和反對的兩方）控制在一種動態的對話狀態，不要打壓任何一邊，那麼他們就會自然而然地得出結論。

當然，這中間可能有不少技巧，有不少身爲導師該做的事（譬如維持大家討論的氣氛，鼓勵發言，幫助雙方的溝通等等），但就不是那種帶有固定意義的「爲」，這樣的「無爲」才能夠達到「無不爲」（三十八章：「上德無爲而無不爲」），才會有「我無爲而民自化」的情況產生。

莊子有一個故事可以呼應老子「無爲」的觀點。在〈應帝王〉裡有個小故事：「南海之帝爲儵，北海之帝爲忽，中央之帝爲渾沌。儵與忽時相與遇於渾沌之地，渾沌待之甚善。儵與忽謀報渾沌之德，曰：『人皆有七竅，以視聽食息，此獨無有，嘗試鑿之。』日鑿一竅，七日而渾沌死。」

這個帶了一點黑色幽默味道的故事，藉由南海之帝與北海之帝的蠢事，把刻意爲之的「爲」狠狠嘲笑了一頓。想想看，原本「渾沌」活得好好的，雖然渾沌一片沒鼻子沒眼睛的，可是人家用自己的條件，依自己的本性，活得非常快活自在，這南海之帝和北海之帝爲什麼硬要用自己的標準，去幫他鑿七竅呢？這就是「爲」，會傷害人的「爲」，有智

慧的人不會去實現這個「爲」。兩位大帝應該順應渾沌的本性去思考如
何回報人家，路數抓對了，什麼都不必做，「渾沌」也會非常高興。

　　當今世界的資本主義經濟喜歡講市場機制，像股票市場，它要高
要低自有一套內在法則，政府能不管就儘量不要管，管下去往往越管
越糟。老子哲學認爲有正就有反，反就是反作用力，中國話說「未蒙其
利，先受其害」，一個錯誤的「爲」可以把中央之帝渾沌害死，我們在
「爲」之前，是不是要有更多的觀察呢？

　　「無爲」的精髓在這裡便顯現出來了。當我們仔細觀察之後，發
現很多事情其實並不需要我們刻意做什麼，只要掌握它發展的規律，提
供它所需要的環境，事情往往能夠有很好的發展。因此，「無爲」是什
麼都不做嗎？當然不是。所謂的「無爲而治」是掌握大的，儘量騰出空
間讓人民的生命力發展、變化、成長、茁壯，免掉刻意爲之所帶來的弊
病。所以說，這也是由「反者道之動」所延伸而來的體會。在「爲」與
「無爲」之間，確實存在著許多微妙的操作空間。

　　這是一種十分耐人尋味的人生哲學，它讓我們看事情的角度增加
了許多可能性。依老子的這種觀點，一個成熟世故的人可以將這些可能
性調整到最佳的狀態，他在判斷很多事情的時候不必定要肯定或否定，
完全依當時的情況而定，所謂「無爲而無不爲」是一個很合理的說辭。
當然，這必須先有一個能將正反狀況都收入眼底的視野，也就是所謂的
「看透」，而不是只看到表面的現象，這樣才能看到別人看不見的東
西。對一些單純的人來說，強就是強，弱就是弱，怎麼會強中有弱，弱
中有強呢？老子這種思維似乎過於複雜且有點心機，是不是這樣呢？

　　的確，也正是因爲如此，老子這種動態辯證的哲學思維，往往被
運用到許多政治現實當中。大家想想，政治的鬥爭爾虞我詐，一個只能
看見事情表象，或只能高舉著理想旗幟的人，要如何對付一些心機陰沉
的對手呢？很多人發現老子這種「反者道之動」的思考模式，確能有效
地在現實中掌握事情變化的原則，進而對現實種種產生一股支配作用，

哲學與人生

這在政治鬥爭的領域裡，簡直是太好用了。就這點而言，老子跟莊子不盡相同，雖然他們都被視爲道家。莊子在〈逍遙遊〉、〈齊物論〉、〈養生主〉等篇章裡所呈現的超越觀點（所謂「超越」意指脫離原有位置後，從另一角度看到了另一視野），基本上會將人的存在情境導向藝術，因爲藝術創作也是用同樣的超越方法、超越精神，爲人類開拓出嶄新視野的藝術世界。這個藝術世界雖然來自於現實世界，但是兩者之間保持著一定的距離，是一種若即若離的狀態。老子不同，老子除了在談到「道」的本質時有一些形而上的分析之外，整部《道德經》的描述和論證都有強烈的現實性，這套哲學看透了現實，因此被認爲能夠支配現實，其中的邏輯不難理解。

第四章

禪宗與易經的哲學智慧

哲學與人生

第一節　明心見性的禪宗

　　佛教發源於印度，但卻在印度境外發揚光大。它大致分南傳、漢傳、藏傳三條路線傳佈，漢傳（就是傳到中國境內）佛教以天台宗、華嚴宗、禪宗為主，其中又以禪宗最具獨特性格。禪師們在日常生活中追求自我實踐，所教育的道理似遠實近，在「境界」和「生活」之間有微妙的辯證關係，千年來吸引大批求道者欲登堂入室一窺究竟，近年來在歐美也有許多習禪人口。畢竟禪宗「不立文字，教外別傳，直指人心，見性成佛」，個中道理多有放諸四海皆準者，普世蔚為風潮，有它內在必然的道理，我們不妨多加瞭解。

　　禪宗由達摩祖師帶進中國，歷經二祖慧可，三祖僧燦，四祖道信，五祖弘忍，然後傳到六祖惠能，開啟了強調「頓悟」的南派禪宗傳統。惠能有一首很有名的偈「菩提本無樹，明鏡亦非台，本來無一物，何處惹塵埃」，把禪宗「頓悟」的內涵做了很好的詮釋，也因此讓五祖弘忍決定把衣缽傳給他，而不是給當時的大弟子神秀。這段故事很多人都知道，但到底惠能所凸顯的「頓悟」到底是什麼呢？

　　我們可以將神秀的另一首偈拿來參考看看，神秀的偈寫的是「身是菩提樹，心如明鏡台，時時勤拂拭，莫使惹塵埃」，在這四句詩裡，我們看到神秀將身與心比喻成「菩提樹」和「明鏡台」，基本上還是落在「表象」的層面上，而依照佛教對這些表象「緣起性空」的理解，不管是菩提樹或明鏡台，都只不過是一些因緣（也就是條件）聚集所形成的東西，一旦因緣消散，這些東西就不見了。打個比方來說，當我們握起五根指頭時，大家會看到一個拳頭，可是當我們把手指頭鬆開放平時，那個「拳頭」還在嗎？所謂「緣起性空」點醒我們的也就是這點，萬事萬物的存亡不過是因緣的聚散，大家不要執著所謂事物的「本質」，因

為「緣起」的同時即是「性空」，既然性空，何來本質呢？神秀說「時時勤拂拭，莫使惹塵埃」，到底要擦什麼東西呢？

我們可以從這兩首偈看到惠能比神秀要通透的地方，他能穿透表象悟出深層的境界，所謂「明心見性」所要明的「心」，要見的「性」，指的也正是這個。因為性空，所以我們的心無所對照，悟到這一點，便足以撤銷心的作用（所謂「作用」指的是在「分別知」層次運作的功能），而形成「對境無心，八風不能動」（八風者：利、衰、毀、譽、稱、譏、苦、樂）的狀態。由此可知「無心」是禪宗境界中一個很核心的狀態。

這是我們在瞭解禪宗的「頓悟」之前，必須先知道的一個問題。也就是知道「頓悟」所「悟」的就是明心見性那種「無心」的狀態。既然是「無心」，那就沒有雜質，於是一個修道者所面臨的是一個「全有」或「全無」的選擇，這中間並沒有「部分有」的妥協空間。在這個前提之下，所謂的「悟」就只能是「頓」的，因為在「全有」和「全無」之間的漸進過程，以「悟」的觀點來看並無意義：你若未體悟到深層的「無心」，那麼即便已經走了百分之九十九的路，終歸還是沒有用。所謂「頓悟」的意義要用這方式理解才會合理。當然，神秀「時時勤拂拭，莫使惹塵埃」的路數一樣有他的意義，甚至兩者在到達某個點時是殊途同歸的，但惠能的說法畢竟直指禪的本質，有比較強的展現力。

從「頓悟」的觀念便可以談到禪宗所主張的「定慧不二」或「以慧攝定」，這看起來似乎只是一個修行方法的問題，但它其實涉及禪宗中國化的基本背景，怎麼說呢？

我們前面提過，禪宗是印度佛教傳到中國經過「在地化」之後所形成的一個宗派，它裡頭隱含了許多中國人的思維和價值觀，與原本的印度文化背景頗有出入。這種現象在世界上各種文化交流時常會出現，基督教從耶穌誕生到今天，傳遍全世界的結果也形成各地不盡相同的基督教文化，譬如拉丁美洲「解放神學」的發展就帶有當地濃厚的地域

79

色彩，跟其他地方的基督教文化大不相同，裡頭有許多拉丁美洲歷史和社會結構的因素。當年洪秀全的太平天國革命未成，否則他依據廣東基督教牧師梁發的著作《勸世良言》所建立起來的「拜上帝教」就會成為具有中國（或說廣東）特色的中國基督教，搞不好可以跟梵諦岡的天主教、基督新教，乃至於俄國的東正教分庭抗禮呢！所以印度佛教傳到中國會形成反映了中國人心靈的禪宗，似乎是理所當然的事。

中國人的心靈是什麼？這裡指的是中國人重視日用人倫的精神。在以儒家思維為主流的中國社會裡，基本上大家都對於自己所生活的這個社會有高度的肯定，許多價值的顯現（譬如各種人倫關係之間的價值判斷，忠孝仁愛信義和平之類的道德條目）就落在眼前的這個世俗當中，並不喜歡特別去談另一個超越的世界，孔子不是說「未知生，焉知死」、「未能事人，焉能事鬼」嗎？在這種情形下，當重視人倫現實的中國人心靈遇上超愛抽象冥想的印度人心靈時，該如何融合呢？禪宗在這裡便顯現出它的特色。

禪宗說「定慧不二」、「以慧攝定」，「定」指的是禪定，是一種靜態的修行狀態，由這個概念可以延伸到靜慮、止觀這一類的修行模式。這當然是印度佛教裡一個十分重要的成分，對企求達到涅槃境界的求道者而言，是很關鍵的功夫。但在中國人看來，生命或許應該更活潑生動才對，整天坐在那裡動也不動成得了佛嗎？中國人務實的性格在這裡便接上了，惠能講「頓悟」，這一「頓」的結果，便用「慧」把禪定的唯一性、必然性給取消掉了。因為頓悟的重點完全放在對那「無心」（無心、無念、無得、無失）的理解上，如果能體悟到「無心」的內涵和境界，誰說「禪定」是唯一一條必經的道路呢？日常生活行走坐臥之間處處生機，砍材也好，擔水也罷，甚至吃飯睡覺，其實都能展現一位修道者對於禪的洞見，所謂「日日是好日」、「生死即涅槃」，禪的境界就在日用人倫當中，「好日」存在於「日日」間，「涅槃」又何必在「生死」之外求呢？這樣的理解（簡單講，就是把天邊的境界拉到身邊

來實現）使得「定」與「慧」殊途同歸，成了一體的兩面，就實質而言並無二致，「定慧不二」的說法於焉成立。甚且，開了竅，體悟了禪道的慧心，那麼一來倒把禪定所要達到的目標全兜過來了，說「以慧攝定」誰曰不宜？

　　中國禪宗在這裡是一個大轉折，從此禪宗的教育方式直如行雲流水，並無定法。禪師隨機施教，弟子精進參悟，開創了一片洋溢活潑生機的禪的世界。進入二十世紀之後，這個富饒的禪宗世界甚至風靡全球，爲多苦多難爆發了兩次世界大戰的二十世紀現代人類指點了許多迷津，可謂貢獻卓著，值得大家理解。

第二節　禪宗與現代社會

　　二十世紀是一個科技進步的時代，卻也是很多人心靈感到空虛的時代。爲什麼會這樣呢？相信這跟物質生產所帶動的物質慾望有很大的關係。

　　在近代歷史中，工業革命在人類社會所造成的影響遠大於任何一次的政治革命，因爲它產生的改變是全面性的，幾乎影響到人類生活的每一個層面。從此之後，機器取代人力，大型工廠取代了傳統的手工坊，在資本主義（大型機具的購買需要集中的資金，「工業革命」與「資本主義」相輔相成可想而知）的推波助瀾下，人類社會所出現的物品達到史上最豐富的程度。就便利的角度看，這固然爲我們的生活帶來許多好處，也提高了許多工作效率，但在這些不斷翻新的物質生產中，人類社會的氛圍變了。我們對於物質的需求不再是傳統農業社會的格局，而且隨著工業科技的逐年進步，大家的胃口越來越大，當資本主義的經濟學冒出「消費刺激生產」的觀點時，相信許多人已經分不清楚什麼是他眞正的需要，而什麼對他而言是無謂的生產。

哲學在這裡還是頗能發揮一些功能。我們常說「聰明」和「智慧」不一樣，「聰明」可以讓人類發明一堆東西，但「智慧」才能讓人類有意義地運用這些物質。我們就以核子彈為例好了。能夠發明、製造核子彈，當然表示人類是非常聰明的，但這麼聰明的人類有沒有足夠的智慧來阻止自己使用核子彈呢？答案顯然不是。第二次世界大戰美軍在廣島丟下的核子彈瞬間奪走數萬條人命，威力驚人，但人類有因此停止製造這種足以毀掉自己的炸彈嗎？我們看第二次世界大戰之後美蘇間的核武競賽，核子彈越做越嚇人，就知道人類在這方面所擁有的智慧，是多麼令人擔心了。

核武或許是個極端的例子，但當我們面對物質世界時，其中所顯現的道理也是一樣。這些（不管工業發展或資本主義運作）都屬於追求「有」的哲學，既然追求「有」，那麼，無中要生有，有中要生更多的有，色不迷人人自迷，許多人在面對物質的花花世界時，不請自迷，忘了我是誰，兩三下就變成了機械文明的奴隸。這不是誇大其辭，而是確有其事。就好像現在年輕人沉迷網路，弄得虛實不分，到頭來連自己是不是還活著都搞不清楚哩。

禪宗講的是一種無心的自然無為，在面對物質的花花世界時，禪的修為可以幫我們不落入那些慾望的陷阱中。畢竟在一種無心、無念、無得、無失的心境基礎上，我們可以在五光十色的物質世界當中為自己騰出一些智慧的空間，用平常心去看待那些或許會令我們動心起念的東西，生活中真有需要的當然無需排斥，但不需要的也就不必為了消費而刻意使用了。禪的意境落在日常生活中，它並不是要大家當個與世隔絕的外星人，它不過就是一種智慧，讓我們看到自己的本心本性，能夠以自己的方式行事，而不是被物慾牽著鼻子走。

相信這是禪的思想在二十世紀大行其道的原因，尤其在物質文明高度發達的歐美，許多人透過鈴木大拙的推廣，發現了禪在日常生活中的妙用。很多習禪之人從此不再盲目地追求物質享受，他們發現那些享

受無法跟人生的幸福成正比關係。這跟老子所說「五色令人目盲，五音令人耳聾，五味令人口爽」的道理是一樣的。人其實很容易迷失，有人迷失在一堆雜亂的感情當中，有人迷失在花言巧語當中，也有人迷失在各種聽起來都言之成理的理論當中，當然，就會有人迷失在日新月異的科技發明中。君不見當今的手機做得越來越進步，不但一款比一款漂亮，而且功能多到往往連使用者自己都搞不清楚。有些人可能會有一個疑問：「手機不就是打電話用的嗎？爲什麼要做得那麼複雜呢？」這個問題其實也是禪宗面對人生時所提出來的問題原型，禪師會問一個問題：「人不就是活著嗎？爲什麼要把自己搞得那麼複雜呢？」爲什麼會複雜？就是因爲迷失在一堆不必要的身外之物中，把這些身外的雲霧撥開，人就清爽了。禪宗的「明心見性」可以從這角度理解。

　　科技文明爲人類自己製造了太多的雲霧，產品的製造已經有一些不必要的生產，而商業的促銷更是讓這樣的狀況變本加厲，廣告業的發達將我們的社會帶上一輛無法煞車的公車，大家只能猛踩油門往前衝，「前進」成爲唯一的目的，至於兩旁的風景就無暇細看了。禪像一面鏡子，可以映照出我們的本來面目，也許這一照會讓我們恍然大悟，起身拉鈴高喊下車也說不定呢！

第三節　《易經》智慧之書

　　長久以來，《易經》這部書常讓人覺得披著一層神秘面紗，不僅外國人看它很神奇，中國人自己看也覺得莫測高深，彷彿裡頭蘊含著宇宙間某種終極的秘密，只要弄清楚其中道理，就可以解決世上所有的難題。真是如此嗎？我們不妨來看看。

　　基本上，我們可以說《易經》所呈現的是古人的生活智慧，主要針對的是人的禍福吉凶、進德修業這些層面的問題，跟這門「哲學與人

生」所談論的內容十分相關。說起來,人生在世不可能一路順遂,在起起落落之間,有人就觀察出一些可以引導大家邁向一個比較幸福未來的潛規則。該如何趨吉,該如何避凶,什麼時候該堅毅,什麼時候該柔軟,什麼時候該做些有意義的事,這裡頭確有許多學問。簡單的譬如「勝不驕,敗不餒」,大家都懂(不過卻常忘記了),但如果事情變複雜,或者時間一拉長,那我們是否還能夠很清楚地知道,在不同階段的不同處境,該用怎樣的態度來面對眼前的問題呢?那可就不一定了。因此,有人就將這些各種不同的情境,都融入一套「宇宙人生」的理論當中,希望藉此來闡釋人生所有可能面對的狀況,發掘出事情表象下的道理,提出睿智的建言,以解決生命中的種種疑難雜症。

既然《易經》要處理的是那麼多樣的人生際遇,因此,「易經」一詞中所謂的「易」,便包含了變易、簡易、不易三個側面的意義。所謂「變易」,指的就是宇宙間萬事萬物隨時都在進行的變化,這是《易經》一書所要處理的主要內容。宇宙萬物隨時都在動,所謂「活動」,要活就要動,我們唯有深刻理解並掌握變化之道,才能在變化中為自己找到一個最能安身立命的道路。「自天祐之,吉無不利」,《易經》所談論的人生道理與宇宙秩序相呼應,宇宙時時刻刻在變,人生亦然,所以「變易」是「易經」一詞中最主要的涵義。

而「簡易」指的則是我們在複雜的變化表象底下,所找到的一個最簡單的道理。的確,很多事情乍看很複雜,但在深入瞭解之後,發現都可以歸結到一個簡單的道理。譬如說一件曲折離奇的金錢弊案,它可能一路發展下去牽連到各路人馬,案情糾纏到讓檢察官都快瘋了。可是深入理解後,發現從頭到尾就一個「貪」字!案子裡面的每一個人都貪,才會貪出一個世紀大弊案出來,去掉這個字,日日是好日,什麼也不會發生。因此,這世界上的許多事情,你要說它複雜,它或許真的很複雜,但你要抓出一個簡單的道理,其實也都找得到,就看你有沒有那樣的智慧了。從這角度看,「簡易」是「易經」一詞另外一個主要的涵

義。

　　最後，不論變易或簡易，這些道理都是不易的。《易經》從「經」到「傳」，也就是從八卦、卦辭、爻辭到十翼（象上、象下、象上、象下、繫辭上、繫辭下、文言、說卦、序卦、雜卦）是一個完整的詮釋系統，具有絕對的穩定性，所以我們可以說它具有「不易」的特性，這是「易經」一詞的第三個涵義。

　　這三個特質呈現出《易經》的詮釋企圖，它要在複雜的表象中找到一套穩定的人生論述，這個論述能以簡御繁，用簡單卻深刻的道理掌握繁複的人生現象，它提供閱讀者許多思考的空間，〈繫辭上傳〉說：「君子居則觀其象而玩其辭，動則觀其變而玩其占。」，孔子說：「加我數年，五十以學易，可以無大過矣。」看來，《易經》裡頭的確有許多智慧可供大家學習。我們接下來就簡要地瞭解一下《易經》的結構，或許以後年事漸長後，有好好研讀的機緣，可以因此解決生命中的一些疑惑也說不定呢！

　　《易經》是一個完整的符號表意系統，以六十四卦為主體，六十四卦則由八卦延伸而得。基本的八卦分別是乾、坤、震、艮、離、坎、兌、巽，每一卦由三個爻組成，各自代了表宇宙間的八大現象：天、地、雷、山、火、水、澤、風。為什麼每一個卦都要有一種自然現象與之呼應？因為《易經》這套論述的基本前提是「人的言行應該效法宇宙秩序」，所謂「天行健，君子以自強不息」（〈乾卦・象傳〉），人跟著大自然的規律走就沒錯，所以它的基本八卦自然代表了大自然中的基本現象，這樣它的論述才能發展下去。

　　而一個卦當中的每一個爻有兩種可能的屬性：陰或是陽，這也是《易經》整個系統中最核心的觀念。〈繫辭上傳〉說：「一陰一陽之謂道」，也就是說，陰跟陽這兩種屬性構成了宇宙中一個超越的普遍法則（道），這個「道」可以顯現在從宇宙到人事的種種層次上，其中的道理是一貫的，《易經》的作者將這道理用一套系統符號表示出來，便成

了最基本的八卦。而當這套系統要進一步論述到更精細、更周延的層面時，八卦便很自然地延伸到了「重卦」，「重卦」就是由兩個基本的卦組成一個具有六個爻的新卦象，這一來每個卦有六爻，而每一爻都有陰或陽兩個可能，所以排列組合下來，二的六次方，就得到了六十四個卦，這六十四卦便是《易經》的主體。

但是光看由陽爻（──）或陰爻（－－）組成的卦象，看來看去不過就是一個不會說話的符號，它到底是表示什麼意思呢？我們平常看到一些交通規則的符號，不也需要交通單位來告訴我們那代表什麼嗎？《易經》這些符號也一樣，因此便有了解釋這些卦與爻的「卦辭」跟「爻辭」。這些卦爻辭相傳是周文王受困時所作，是否真的如此不得而知，但這個說法的背後顯示了《易經》在傳統上被認為是一本人生解疑的智慧之書。我們不必將它看得過於玄奇，那些道理其實就在我們生活之中，端看我們是否發現它，理解它，並且實踐它。

就以乾卦為例，乾卦六爻俱為陽爻，從初九到上九，其爻辭分別為初九「潛龍勿用」、九二「見龍在田，利見大人」、九三「君子終日乾乾，夕惕若，厲無咎」、九四「或躍在淵，無咎」、九五「飛龍在天，利見大人」、上九「亢龍有悔」。我們在這裡面發現一種循序漸進的智慧，它表達了一個完整的情境，一個人可以在這個卦中體會到進退之間的節奏和時機：當陽剛之氣處於初始階段時要低調，養精蓄銳，等待機會，不要輕舉妄動，這是「潛龍」的狀態。「文言」裡還補充說明「潛龍」是「不易乎世，不成乎名，遯世無悶，不見是而無悶。樂則行之，憂則違之，確乎其不可拔」，大意是胸中自有定見，不受世俗影響，把自己放在一種有自信的準備狀態。

然後從初九進到九二，慢慢有所發展，從「潛」提升到「在田」的狀態，這時可能會有一些正面的機緣出現（利見大人），但即便如此，還是必須非常謹慎，不能怠忽，所以要「夕惕若」（夜晚也要戒慎恐懼），才能「厲無咎」（處於險境卻沒有傷害），九三、九四基本上

都處在一種機會雖已大增，卻隨時會搞砸的狀態，這種階段特別需要小心，兩個爻都強調保持「無咎」的重要性。這裡也可看出《易經》的智慧，九三和九四或許比初九和九二累積了更多的能量，可是這些能量當中，也可能像大水裡夾雜泥沙一樣，隱藏了許多破壞的因子，焉能不慎？

而如果挺過了這些階段，掌握到最好的時機，便能夠一飛沖天，「飛龍在天，利見大人」，達到陽剛的最完美境界。到了這裡還沒完，《易經》在這裡所顯現的智慧是，一個登上頂峰的人必須懂得踩煞車，不能猛催油門，如果不懂這道理，一味亢進，必定由盛而衰，變成了「亢龍有悔」的狀態。

我們在這一段《易經》爻辭的描述中，看到《易經》爻辭的作者認為，一個成功的君子應該深刻地認識自己以及自己所處的情境，而且能在這兩者之間巧妙地掌握不同作用力之間的相互牽引，讓所有的力量處於一個均衡和諧的狀態，以獲得最佳的結局。不冒進卻也不保守，在謹慎的自我節制中保持奮力一擊的能量。整體觀之，其實是非常具有策略性的。

《易經》的六十四卦當中都富含這樣的人生智慧，它提供我們在各種不同的情境中思考下一步的線索。至於被運用到卜卦上去預知禍福吉凶（朱熹甚至說「《易》本為卜筮而作」），於今看來，恐怕不是《易經》這部書最精微的內涵。不過因為一些關於卦或爻的解說，都只針對某個原型描述，所以讓卜卦跟解卦之人在對照現實事件時有很大的想像與解釋的空間，或許這種靈活性正是《易經》卜卦大行其道的原因。但若真要跳過《易經》一書當中豐富的論述細節所提供的思想平台，而只想一舉掌握未來變化，恐怕也只是一種空洞的期盼。《易經》所呈現的是人生的智慧，而智慧必須經我們親身的思索才有意義。孔子說：「加我數年，五十以學易，可以無大過矣。」（《論語・述而》）想必對《易經》裡深刻的哲思有相當的理解和嚮往。

第四節　儒釋道三家之異

　　一般談到中國傳統思想中最重要的儒釋道三家時，常會以他們面對社會的態度來區別三者之間基本立場的差異。先說儒家，儒家要「化成」我們眼下的這個社會，將之建設成心目中理想的模樣，所以基本上是很入世的。孔子很清楚地說「未能事人，焉能事鬼」、「未知生，焉知死」（《論語·先進》），對於現實之外的另一個世界，雖未否認，卻也不把它擺在第一順位。孔子周遊列國，孟子跑去見梁惠王、齊宣王，基本態度都是如此。他們急著想把心中的一套標準推廣出去（孟子見梁惠王，跟他說：「王何必曰利？亦有仁義而已矣。」），是具有濃厚理想性格的入世精神。之前我們提到老子的哲學因為能看透現實，所以有人要用它來支配現實。就這一點來說，老子雖然跟儒家一樣都凝視著現實，但彼此的方式卻頗有出入。儒家在主觀上對社會有一套以「性善想像」（人具有為善的種子）為核心的倫理論述，這套論述從個人延伸到天下，就像《大學》裡所訂定出的「格物、致知、誠意、正心、修身、齊家、治國、平天下」，儒家的人深信藉由這種進路可以讓個人和社會都達到最佳狀態。但這些做法如果從老子的角度來看就是「為」，其實並不是最好的，是「道」不行於天下時，才會冒出來的次佳選擇。所以老子說：「大道廢，有仁義」（《道德經·第十八章》），那麼最好的方法是什麼呢？是「我無為而民自化」、「無為而無不為」，說明白一點，也就是要把有形的「作為」化為無形，聖人只要能讓萬物依「道」而行，自然就「明天會更好」，他自己倒是什麼也不必說，兩者之間的不同至為明顯。前面所舉班導師讓學生討論「這個週末要不要全班一起去郊遊？」的例子已說明了這點。

　　而對佛教來說，此岸的這個世界則未免太苦。這點在「四聖諦」

（苦、集、滅、道）裡就已經被定了調。人生有各種苦，生、老、病、死、愛別離、怨憎會、求不得、五蘊熾盛，世間有情都是苦。那怎麼辦？那就趕快從此岸渡到彼岸去吧，把貪、瞋、癡所帶來的痛苦消滅掉，修八正道，諸惡莫作，眾善奉行，這些負面的東西便都可以拋除，斷盡煩惱業，而得解脫。這是佛教在面對世界時的基本模式，是一種對此岸「捨離」的態度，捨離需要大勇氣、大決心，毅然前行時，眼睛看的是另一個光明對岸。由此我們可看出佛教與入世的儒家，乃至於世故的老子，或逍遙的莊子之間的不同。

　　對一位成長學習中的年輕學子來說，每個人固然會因為心性氣質的不同，而各有較為偏好的哲學思想。有人喜歡洋溢著熱情理想的儒家，有人覺得莊子的豁達使他心胸開闊，也可能有人亟欲從老子冷冽的透視中學習到某種應世之道，或者，有人一想到佛教的涅槃寂靜，就快樂歡喜得難以形容。這些都很好，這些大師的想法、說法，都拋出了許多問題供我們思考，只要我們願意去接近，靜下心來慢慢想，慢慢體會，一定會有所得。但二十一世紀畢竟是個多元價值的時代，也許我們不必急著在這浩瀚的領域中尋找到唯一的終極解答，不妨多去比較各家之間的異同，或許能融合出一些更具啟發性的觀點。此外還有一個問題是，在這過程中，我們除了書面上的閱讀之外，更重要的可能是必須用自己的生命經驗，一步步去印證各家思想所呈現的內涵，逐步將這些想法轉化成自身的靈魂血肉，否則我們如何對自己或對別人保證這些生命哲學的真實呢？這是「哲學與人生」這門功課的重點，它可能是一個漫長的追尋過程，但你生命的格局也會在其間不斷地拓展，這一切想必都是令人愉快的。

第五章

倫理學的基本問題

第一節　為什麼要研究倫理學？

　　沈從文的小說〈丈夫〉裡描述一對年輕夫妻，為了多賺點錢，丈夫同意妻子到城裡當船妓，賺到的錢寄回家改善家中經濟狀況，「名分不失，利益存在，所以許多年輕的丈夫，在娶妻以後，把妻送出來，自己留在家中耕田種地安分過日子，也竟是極其平常的事。」

　　在沈從文筆下，像這樣一件具有高度道德爭議性的事情，似乎有許多可能的觀察角度，道德並不是唯一的觀點。這也是沈從文小說的可貴之處，作者看事情的高度夠，看到的風景自是不同。就像我們從新光摩天大樓的四十六樓展望台看到的台北，跟我們站在大樓底下的忠孝西路路邊所看到的台北，當然完全不一樣，那到底哪一個才是真正的台北呢？都是，也可以說都不是。這時候我們會發現要回答這問題，就必須先確定自己的位置，不確定位置，說了也是白說。這樣的情境，在討論倫理學的問題時比比皆是。倫理學這門學問的趣味可見一斑。

　　〈丈夫〉這篇小說對一個男人的老婆去當妓女來改善家中經濟這件事，當然不只是用「極其平常」四個字就帶過去。小說中有許多描述丈夫心理微妙反應的細節十分精彩，一路讀下來會讓我們不知道該怎麼看這對夫妻，要譴責他們呢？還是要同情他們？還是要肯定他們？小說結尾這對夫妻決定不做了，要回鄉下老家過清貧日子。不過沈從文並沒有告訴我們，這樣的選擇是比較好還是比較不好，也沒有對先前經歷過的一些難堪事情有何批判。我們只能從情節的進展中知道，這對夫妻在那樣的過程中，體會到人生的某種東西，至於那東西是什麼，不同的讀者會有不同的理解。沈從文是小說家，他不需要也無法在作品中提供人生的標準答案，高明的小說往往如此，因為這比較接近人生的實際狀況。如果輕易下判斷，恐怕只會造成一種獨斷僵化的道德獨裁，會大幅縮減

我們人生的視野。

　　沈從文的另一篇知名小說〈蕭蕭〉，或許更可以說明一個僵化的道德觀所散發出來的氛圍。蕭蕭出嫁時十二歲，她老公三歲，這是以前大陸鄉下地方的習俗，因為需要人力，所以娶個年紀比兒子大一截的媳婦進門，除了帶老公之外，還可以幫忙做很多農事，等老公長大了，再正式拜堂圓房。這下問題來了，老公才三歲不懂男女情事，可是蕭蕭日日發育的青春該怎麼辦才好？結果一個不小心，這純情的蕭蕭竟被村子裡一個名叫花狗的青年給騙了，糊里糊塗懷了人家的孩子，更糟的是，這花狗知道後嚇跑了，留下肚子一天大過一天的蕭蕭該怎麼辦？根據當地習俗，這種事情一旦東窗事發，只有兩條路可走，一個是沉潭淹死，要不就發賣，嫁人作二路親，賣得遠遠眼不見為淨，還可賺點讓渡費。總之，在這樣的倫常中，蕭蕭的心情和處境是不會被考量的。

　　沈從文顯然想藉小說來反省一個問題：在這種風俗倫理底下，對蕭蕭的「失身」，是否可能有一些不同的處理方式，而因此保留多一點的人性空間？

　　小說中，蕭蕭娘家的長輩給請到夫家來，在一陣尷尬的討論後做了不沉潭，找個人再嫁的決定。可是一時沒有適當的人可嫁，等呀等地，等到過了年還是沒人來，又沒多久孩子生下來了，還是個男娃！既然是個男的，那蕭蕭就不賣，留下來帶孩子吧！之後春去秋來，一年又一年過去，這娃漸漸長大了，十二歲時，家裡的人也幫他娶了一房十八歲的媳婦，娶親那天，「蕭蕭抱了自己新生的月毛毛，卻在屋前榆蠟樹籬笆看熱鬧，同十年前抱丈夫一個樣子。」

　　沈從文這樣的情節鋪排，讓蕭蕭的行為（懷了別人的小孩）有一個溫暖的結局。相較之下，當地要將人沉潭或發賣的習俗便顯得冷酷無情，沈從文稟承他一貫敦厚的風格，以小說的形式中回應了這個道德問題，的確擴展了許多讓人愉悅的人性空間。從頭到尾，他對蕭蕭的行為沒有批判，只有理解，提供我們在做道德判斷時一個很好的典範。

舉出以上兩個例子，是要說明，倫理學的許多命題，在本質上有很多討論的空間，但是因為時空的不同（不同的時代與不同的地區，會有不同的倫理規範），許多行為在道德意義上的探討空間未能顯現出來。就像柏拉圖的洞穴比喻裡所說的，一個人如果打從出生就一直生活在洞穴裡，而且只朝著前面的岩壁看，那他會把岩壁上的影子當作真的人看待。直到有一天他回過頭，才知道原來真人在後面，更有一天他走出了山洞，才發現原來外邊那陽光普照，綠草如茵的大地才是真實的世界。同樣地，一個人如果從出生起就只生活在一個地區，不曾接觸過外面世界，就沒有機會反省那些加諸他身上的規範是否合理。小說中的蕭蕭若因為那樣的行為而遭受沉潭的命運，就當地的人來說，大概也不會覺得有什麼不對。所以從這個角度看，倫理學的討論對我們的社會或個人必定有很大的助益。畢竟時代在變，倫理學所討論的一個核心問題：「人應該如何生活？」，在當今的二十一世紀也應該有不同的思維角度和思考空間，才能夠像柏拉圖所說的那樣走出山洞，看到更真實的世界。如果說，以前傳統中國女人遵守三從四德會有一種穩定的幸福和滿足感，那我們又如何能以同樣的角度來看待當今兩性平權和女性解放的議題呢？又或者說，如果我們發現我們的政府已然被各種龐大的利益集團包圍脅迫，訂下了很多圖利特定財團，卻不利於民眾百姓的政策時，我們是否有必要重新思考「個人」與「國家」的關係？傳統教育所強調的忠誠概念是不是真的那麼天經地義，不容挑戰呢？

在倫理學這個領域裡實在有太多具體的問題可供我們思考，接觸倫理學的目的就是要瞭解各種不同的倫理主張，以便讓我們在對這些具體問題做倫理判斷時有所依據。或許，倫理學的討論跟所有哲學問題的討論一樣，並沒有終極定於一尊的答案，但是，認識這些不同的說法，可以讓我們不會在一片黑暗中下判斷。這樣我們的判斷才有意義，不至於像隻井底之蛙似地自以為是，什麼都看不到卻以為什麼都看到了。其實，不只倫理學如此，在哲學的其他課題中也一樣，重點並不是要追問

一個標準答案,而是讓這「追問—回答」的過程有品質、夠分量,這樣一來,不論答案如何,對人對己都會有比較強的說服力。

 第二節 倫理學的各種主張——「規範倫理學」與「後設倫理學」

　　台灣的學子在學校大多讀過一門「公民與道德」的課,以前因為大學聯考並不考這科,所以受到的重視有限。其實這門功課裡所談的東西,有一部分跟倫理學一樣,是告訴青年學子在品行道德方面應注意哪些事,希望能培養學生的道德觀念,讓他在平日可以有良好行為的適應力。這其實就是一般我們所謂「規範倫理學」❶的範圍,在這裡可以略加說明。

　　這個類型的倫理學在回應「人應該如何生活?」這個核心問題時,由各自不同觀點的人主張不同的倫理規範,有人認為這樣好,有人認為那樣好,大家都希望能夠為社會裡的成員提供一套可供依循的模式。

　　譬如有人主張,每一個人都應該只做對自己有利之事,我們的道德義務就是從事對自己最有利的行為。因為從這個「利己」的模式出發,往往不但對自己有好處,也會對社會有好處,就像很多人所強調的「為善最樂」、「助人為快樂之本」,在這樣的情境裡頭,我們發現,雖說把好處給了別人,但最後的快樂卻還是很奇妙地回歸到自己身上,所以追求對自己有利之事,並非如「自私」這種通俗語言所描述的,僅有負面的意義。事實上,照亞當斯密的說法,在競爭激烈的商業市場中,每個人也都是在追求自己最大的利益,但正因為如此,所以每個人都必須

❶本章內容主要參考林火旺《基本倫理學》(三民書局),文中所用名詞及問題推演,多處依據該書陳述。

努力提升品質，加強競爭力，才能達到對自己有利的目的，這樣一來大家都進步，社會整體的品質自然就提升了。這種說法當然有很多討論的空間，但他們在種種觀察與思考之後，歸結出一個他們認為大家應該遵循的道德規範，這就是所謂的「規範倫理學」。

「規範倫理學」當然不是只有這種利己主義的主張，我們可以舉出另外一種大異其趣的看法，就是有名的「效益主義」學說（utilitarianism，或譯「功利主義」）。這種學說以十九世紀的哲學家、政治學家約翰・彌爾（John Stuart Mill）為代表人物，往前則可溯到邊沁（Jeremy Bentham）和休謨（David Hume）的學說上，是歐洲近代一個很重要的道德學說，影響層面甚廣，不只在哲學思維，在政治、經濟、法律各方面都發揮了重要的影響。

效益主義基本上從「效益」的觀點來處理道德問題。也就是說，我們要判斷一個行為合不合乎道德，必須看它能產生怎樣的「效益」。這是第一步，然後第二個問題要問的是，它合乎誰的效益？效益主義者認為，這裡所談的效益必須是以「全體」為考量，所謂「全體」指的是人類社會，甚至是宇宙整體的善，而非個人。從這一點我們可以看出，效益主義者和前述的利己主張有很大的不同。再接下來的問題是，既然效益主義者是以全體的利益為考量，那它無可避免地會以「結果」來評斷道德的正當性，行為的動機就無法深究了。

綜合上述，我們可以說，效益主義者認為一件道德上對的行為，就是能產生最大利益（或廣義地用「善」的說法）的行為，反過來說，道德上錯的行為就是不能產生最大利益（善）的行為。

這樣的主張在許多領域還蠻管用的，尤其是一些涉及公共利益的事務。譬如說，我們常看一些立法委員在立法院通過或否定一些提案，如果我們要評論他們的作為是否合乎道德，這時效益主義的觀點很值得參考。當一個立法委員在發言台據理力爭時，他所爭的利益究竟是他個人的，還是某個階級的，或是某個特定財團的利益，還是全民的利益，效

益主義的倫理觀可以讓我們很明確地對委員的立法行為加以判斷。

　　但這樣並不表示效益主義的方法可以到處都通行無阻，在上述立法委員的例子中，因為在國會裡所談論的事項，很多可以透過數據來檢驗它的效益，但生活中並非事事如此。如果我們一定要用這種方式來驗證道德的正當性，那一些精神上的利益該如何衡量呢？舉例來說，如果有個經濟狀況很不錯的樂迷，每個月都花大把銀子買CD，添購音響設備，並以此與許多同好分享欣賞音樂的快樂，那我們該如何看待他這種可能被人認為形同揮霍的行為？也許有人認為，這位樂迷老兄應該把錢用來做慈善事業比較實際，可是他這樣聽音樂，讓自己快樂，也讓別人快樂不是很好嗎？再說，聽音樂的快樂要怎麼計算呢？它可以像GNP那樣量化嗎？

　　這就好比說，台北101大樓每年跨年都要砸大錢放煙火，有些人對這件事頗不以為然，認為太浪費了，幾分鐘就燒掉幾千萬，不如把那錢拿來給社會上許多需要的人花用，幫他們在歲末年初渡個難關。這樣的想法很有善意，也很可以理解。但從另外一個角度看，一年一度的煙火秀，是不是也讓社會上很多緊繃的心靈在年終時得到一個舒解？有些人甚至因為有這個快樂的跨年儀式，而在年終煙火來臨之前，有一大段時間的「快樂期待」，這對現代人繁忙緊張的生活，不能不說是有相當的療癒功能，那它的價值該如何計算，這種形而上的精神愉悅該如何跟用具體金錢所換取的功能相比呢？

　　效益主義是一個相當有現實意識的倫理學說，它跟當代的經濟學頗有重疊之處。但跟很多強調經濟發展的理論所會面臨的死角一樣，人生有很多境況是無法用利益解釋的。物質的利益或許可以計算，精神層次的利益就很難掌握，硬要說這個比那個快樂確有困難。更何況，有些人是以不快樂為快樂，他追求的是一般快樂之外的事，譬如一些苦行的修道者，他的快樂乃是建立在人生意義的追尋上，許多對宗教熱情的人往往有這種特質，這種「朝聞道，夕死可矣」的快樂，恐怕又更難計算出

來了。

　　而且，先前提過，效義主義在判斷行為的道德正當性時，是以行為的結果為考量，而忽略了它的動機，這點也常引起爭議。在我們一般的理解中，動機良善其實未必做出好事，越幫越忙甚至幫倒忙的事時有所見。反過來，動機可議卻做出表面上看起來可以受到讚揚的事，也所在多有。二三十年前常有「反共義士」來歸的新聞，當時因為整個台灣毫不猶豫地全面反共，所以只要反共，基本上就符合台灣最大的利益。因此這些反共義士究竟基於什麼動機，甚至採用怎樣的不當方式（譬如劫機），大家也就不深究了，一律將他們捧為可歌可泣的「義士」，其實這種帶有濃烈道德色彩的名詞是很有問題的。這種情況隨著時代的演變逐漸顯露出它的不合理，後來才慢慢有所轉變。可見當我們做道德判斷時，如果行為的動機跟結果分開，常會遇上說不周全的窘境。

　　不管如何，效益主義畢竟為我們提供了一個道德判斷的原則，這就是規範倫理學在做的事，我們接下來還可以談一下亞里斯多德和康德在這方面的主張。

第三節　康德的想法

　　康德是十八世紀非常重要的哲學家，他的《純粹理性批判》一書在西洋哲學史上引發了一個很大的改變，澈底扭轉了知識論的思考方向，他自己也將這樣的改變比喻為「哥白尼的革命」（Copernican revolution）。我們都知道哥白尼在十六世紀時以《天體運行論》一書建立了「太陽中心說」的理論，對當時教會的宇宙觀產生非常巨大的衝擊，從此「太陽中心說」逐漸取代「地球中心說」，對日後歐洲人的思想可說有全面性的影響。康德用「哥白尼的革命」來形容「純粹理性批判」裡的哲學思考（他甚至在第一版序言裡說：「我敢斷言，至今未解

決的，或者尚未提出其解決關鍵的形而上學問題一個也沒有了。」）
❷，其重要性與突破性可見一般。

在《純粹理性批判》裡，康德提出「人類知識如何可能？」這個問
題。為什麼要問這個問題？因為在以前歐洲人的宇宙觀中，認為宇宙是
客觀存在於我們之外的一個神聖整體，我們所謂的「知識」其實就是去
尋找這客觀存有的「真相」，能與「真相」符合就是真實的知識，如果
不符合就不是真實的知識。由這裡延伸到道德問題，那什麼是道德呢？
道德就跟斯多葛學派所主張的一樣，符合神聖宇宙整體規律的就是美好
道德，反之則不然。這點倒是跟儒家哲學裡所說的「天行健，君子以自
強不息」有相同的思維。再延伸到藝術領域，人類所認定的「美」，也
必須跟客觀存在的「美」有一種符應關係，才能說是美的。這當然跟當
代藝術裡所強調的主體感受大大不同。

在以上所提到，從知識論到倫理學到美學的三個領域中，我們其實
可以發現他們對真善美的認知有一個模式，這個模式基本上認為人是宇
宙整體和諧的一部分，對人而言，不管知識的追求，道德的反思，或美
學的感受，都必須以這個完美的整體為依歸。這個模式主宰了西方很長
的一段時間，從希臘哲學到之後長達一千多年的基督教哲學，都在這個
模式下思考。

然後問題來了。在近代科學興起之後，大家發現，我們人類所依
附的那個宇宙，並不是原先所想像的那麼和諧完美，近代天文學家在浩
瀚的天空中觀測到一些新星的誕生，也發現到一些星體的消亡，看起來
宇宙並不是傳統所認為的那麼永恆不變。這事情還蠻嚴重的，打個比方
吧。如果我們從小開始，一切都是老師說了算，我們只要知道老師的意
思，學習老師的所作所為，就可以知道所有真善美的奧秘，自己不需太
費力氣。然後有一天我們發現，其實老師也不是如大家所想的那樣什麼

---

❷羅素，《西洋哲學史》，左岸出版社。

 哲學與人生

都知道，他自己腦子裡也常亂七八糟地不曉得自己在做什麼。這下怎麼辦？台灣有句諺語說「有樣學樣，沒樣自己想」，如果宇宙是一個可供學習的「樣」，那我們就好好跟它學，而如果這個「樣」沒了，那就自己想吧！

康德所面臨的問題基本上就是如此。近代科學所描述的宇宙，不再是一個四平八穩蘊含著真善美的宇宙，它內在的一些變化只是受到唯物的因果法則影響後的結果而已，硬要說裡頭蘊藏什麼意義，未免太過勉強。所以，接下來的問題很清楚，所謂知識，它必須由人主動去「建構」，而不是光瞪著大眼睛就可以從外在世界中看出什麼名堂的。康德因此在知識論上做了一個大逆轉，它不再問傳統知識論裡的那個問題：「我們的知識該如何符合外在的世界？」而是倒過來問：「外在的世界該如何符合我們的知識（形式）？」然後他開始探討人類的悟性，分析出十二個先天存在的範疇，利用這樣的架構一步步去成立人類的知識。這樣的逆轉，康德說是「哥白尼的革命」。

這的確是一個非常具有開創性的思維，而牽一髮動全身，既然知識的動力源頭來自人類自身，那在道德的領域是不是也該如此呢？知識有哥白尼式的逆轉，那道德是不是也要逆轉一下？我們道德的源頭是不是也應該要拉回人類自身？我行善是因為我有「善的意志」，而不是在我之外的任何人或任何事物要我行善。這樣的思維是不是比較能夠跟他提出的知識論問題取得一致性？而什麼是「善的意志」？所謂「善的意志」就是一個人為了實現道德義務而行動的意志，康德的道德最高原則就是建立在「善意志」和「因義務而為」這兩個概念之上❸。這樣的思路若跟他的知識論擺在一起看，會比較清楚。

這是康德倫理學的基本背景，接下來我們來談談裡邊的一些概念。

既然談到「善意志」和「義務」，那怎樣的行為才是有道德價值的

---

❸林火旺，《基本倫理學》，頁110、111，三民書局。

行為呢？很簡單，它必須是基於義務，也就是說，行為者必須基於「這是我的義務」這樣的自覺，他所做出來的行為才能夠被認定是有道德價值的。這樣的認定只看行為的動機而不看行為的結果，不管結果如何，如果不是基於義務，即便合乎道德要求，對康德而言，還是不能被認定為具有道德價值。譬如說，有許多有錢的老闆因為各種不同的動機捐錢給慈善機構，雖然這事情本身合乎道德要求，但在動機上，大老闆捐錢或許為了積功德，也可能為了節稅，或者是建立企業本身的形象，以便賺取更多的利潤……，各種可能的原因不一而足。如果我們要以康德的標準來評斷這些事情的道德價值，那恐怕其中大多要被排除在外，只有那打從心底認定捐錢是一種內在義務的老闆，他的捐款才會被承認有道德價值。

　　當然這是康德的想法，他的思維從知識論過渡到倫理學有其內在的一致性。但是這樣的標準對一般人而言恐怕過於嚴苛。中文裡對富人的描述，譬如說「樂善好施」或「富而好禮」，大抵上是採結果論，動機則鮮有論及。畢竟動機藏在心裡難以明察，能用行為的結果來做道德價值判斷的依據，已不失為社會處理這個問題時的一個有效方法。但是對康德來說這當然還不夠，康德要點出「有道德價值的行為」背後的那個道德法則，他認為那是真正的價值所在。什麼是道德法則？舉例來說，如果有一個公務員基於義務拒絕了某人的賄賂，那他背後的道德法則可能就是「人要守本分」，這個法則指引他做出拒絕賄賂的行為，是道德行為的價值根源。康德認為這樣的一個指引是以「命令」的形式呈現，這就是康德道德哲學中所謂的「定言令式」，它具有普遍性和必然性。

　　大家看，這是何其強大的道德要求啊！它是用命令的，命令的意義就是「非如此不可」，是一種不得抗拒的召喚，不能因為不同的人或不同的時空而有所改變。它在道德領域裡所擁有的普遍性和必然性，就像先天綜合判斷在知識論裡的普遍性和必然性一樣，兩者之間可以互相參照。基本上，康德《純粹理性批判》、《實踐理性批判》和《判斷力批

判》的思維是一貫的，只是在不同的領域呈現出不同的面貌。在《純粹理性批判》裡出現的是「先天綜合判斷」，在《實踐理性批判》裡出現的是道德的「定言令式」，而在《判斷力批判》裡出現的則是美感經驗的「無關心的滿足」。它們都具有一種普遍性和必然性，合併起來可以形成從知識論到倫理學到美學的一貫人生視野。從這角度去理解「定言令式」，可以比較有系統性地掌握康德的思路。

再回到「定言令式」的問題。康德認為根據這產生的行為，才是真正有價值的道德行為。問題是，人真能「自由地」執行這個命令所要求的道德內容嗎？我們常說「個性就是命運」，不同個性的人對同樣的事情會有不同的「選擇」，因而有不同的結果。譬如說，有一個人個性保守拘謹，開起車來比蝸牛還慢，而另一個卻是火爆浪子，一上車就非飆車不可，那麼後者出車禍的機率顯然會大於前者。可是這人的個性是哪裡來的呢？可能有一大半來自他父母的DNA，理論上未必是他自己決定的。他的選擇能算是選擇嗎？

在經驗層次的事件常會碰到類似的問題，就像「蝴蝶效應」理論所描述的：一隻蝴蝶在北京上空拍了一下翅膀，十年後在華盛頓引起了一場暴風雪。很多事情環環相扣，在整個因果系列當中，人所能決定的往往有限。台灣有很多人是「芋仔番薯」，也就是外省籍和本省籍聯姻所產生的第二代，為什麼有這樣的現象？說起來實在肇因於國共內戰，因為這個內戰，蔣介石才會帶了兩百萬大陸各省的居民來到台灣，而形成今天台灣多元文化融合的情形。這麼一想，那個人的所謂「自由」到底在哪裡呢？沒有了大環境的因素，許多個人的選擇就變成不可能，有一句話說「形勢比人強」，似乎道出了個中奧妙。而如果不能以人的自由為前提，那所謂的「定言令式」會有意義嗎？康德要如何證明人可以是自由的呢？

關於這個問題，康德解決的方式是將人的存在方式劃分為感官界與理智界。人一方面屬於感官界，也就是我們前面提到的經驗世界，在這

個層次我們受制於感官（照康德的說法，我們因此只能看到「現象」，不能看到現象背後的「物自身」），也受制於一些自然的因果法則。但是在理智界，我們卻可以依循以理性為基礎所建立起來的法則，這些法則獨立於經驗之外，可以超越我們前述的因果限制，讓人擁有自由的力量，來促使事件發生。

康德用這樣的方式來為人的自由找到依據。在這個前提下，人有能力執行道德法則所給我們的命令，而做出具有道德價值的行為。整體來看，康德的道德論述充滿理性的光輝，有絕對的普遍性和必然性，讓人沒有任何遲疑或選擇的空間，但也因此在行為的過程中顯現了人的自由。這是康德的道德哲學十分深刻而有創見之處。

第四節　「德行倫理學」的思考模式

在上述的倫理學模式中，不管是效益主義者以獲得「最大效益」作為評量道德行為的標準（不論是物質效益或精神效益），或者像康德那樣以「定言令式」來命令人做出有道德的價值行為，基本上都是將重點擺在「行為（的規則）」，而不是「行為者」之上。他們問的問題是「我應該做出怎樣的行為（才能合乎道德）？」，而不是問「我應該是怎樣的一個人（才能做出合乎道德的行為）？」。這兩者之間其實有蠻大的差距。

打個比方，譬如當我們要評斷什麼是藝術時，基本上會以一個藝術家的作品來衡量，西方說的art（藝術），其實就是artificial（人造的），人做出來的作品才是藝術評價的對象，這在西方特別明顯。但是，如果換個方式，我們可不可以將所謂藝術的考量對象，放在「藝術家」身上呢？試想，當一個人接受了廣博的藝術教育，學習過多樣的藝術技藝，成就了濃厚的藝術性格之後，他是不是很自然就會在生活中處

處展現藝術的境界？這種情形其實是存在的，一個擁有藝術內涵的人甚至無需作品，單在舉手投足之間就可以讓人感受到藝術的存在。這在中國傳統的文化裡時有所見，而且除了藝術，禪的修習也有相似的狀況。一個開悟的禪師，其所做所為自然深具禪意，倒不一定要有什麼「作品」，才能夠證明他內在的禪的意境。

用這角度理解，前面所問「我應該是怎樣的一個人（才能做出合乎道德的行為）？」，不就是這種以藝術家或禪師為討論方向的模式嗎？我們接下來要介紹的「德行倫理學」思考的方向即是如此，跟效益主義或康德比對起來，這其實是轉了一個大彎。主張「德行倫理學」的人認為，只要是有德之人，他自然會呈顯出有價值的道德行為，並不需要再去規定什麼該做，什麼不該做。就跟藝術家和禪師一樣。

這是一個很有意思的問題。我們之前在看康德的論述時，可能會感覺康德的論點既嚴格又嚴密，但從德行主義者的觀點來看，康德無上命令的「定言令式」，側重的仍然是外顯的行為，而忽略了動機，如此一來還未必能真正顯現出一個有德之人呢！譬如說，如果有個醫生在醫院看到送來一個跟他有仇的傷患，基於醫生的職責，也就是康德所說，那個基於道德普遍法則的「定言令式」，他必須拋開仇恨，全力救治。這醫生雖然也做了，但心裡卻是恨得牙癢癢，巴不得這仇人就死在手術台上。這樣的醫生有「行為」而無「動機」，算是有德之人嗎？而如果我們像「德行主義者」主張的那樣，將倫理學的重心擺在行為者身上，那麼，一個有德之人在碰見這種情形時，如果他有良善的性格與動機，他自然會做出有價值的道德選擇，不必別人告訴他該怎麼做，他內心也不會有矛盾掙扎。

跟康德的倫理學比較起來，強調完整品格的德行倫理學所重視的是人的整體道德狀態。可以說一方側重義務（由各種規則組成），一方側重「行為者」，好像各有重點，但其實兩者之間彼此互補，並未對立，「義務倫理學」和「德行倫理學」應看成一體的兩面。

邏輯上來看，如果我們要讓一個人擁有好的品格，成為一個有德之人，我們必須先釐清「好品格需要遵守哪些道德規則？」這個問題。否則「有德之人」難以判定，滿街都是聖人，道德一詞就會變得比灰塵還輕，而喪失了意義。反過來說，我們即使在道德規則上澈底討論了其所應遵守的內容，但這些終歸是要由一個行為主體來呈現，否則一切規則只能是孤零零的一個思考結果，而不能顯現一個道德行為的質感。因此，在倫理學的領域裡討論這個問題，雙方應是相輔相成，無法偏廢。中國的宋明理學裡曾有「道問學」和「尊德性」之辯，其中顯現出來的模式與「義務倫理學」和「德行倫理學」之間的對照十分相似，或許可以參考比較。

第五節　後設倫理學與道德相對論

到目前我們所談到的倫理學主張，不管是著重於「行為」的效益主義論述和康德的學說，或者是側重「行為者」的德行倫理學觀點，基本上都屬於「規範倫理學」的範圍。也就說，他們認為人類的社會中存在著一個穩定的規範，可供社會中的每一個成員依循，只不過不同的論者會對這個規範有不同的主張，因而產生各種不同的主義。

現在我們要進入另一個層面的理解：如果有人對「人類的道德行為有一個客觀的規範可供依循」這個命題產生質疑呢？是啊！誰說人類的道德規範一定客觀存在呢？它有沒有可能只是一個幻想？而如果這個前題不成立，那接下去的討論豈不都變得沒有意義嗎？這的確是個問題，因為道德判斷其實在本質上是一個價值判斷，而對於價值，我們真能訂定或尋找出一個客觀的標準嗎？我們要如何證明某一瓶葡萄酒的價值高於另外一瓶？或者證明巴哈的音樂優於貝多芬的音樂呢？這的確是有它本質上不可能之處。於是有人覺得對於「研究道德規範」這件事本身也

需要研究研究，這種以倫理學本身爲思考對象，所建立起來的倫理學主張，我們稱之爲「後設倫理學」。

後設倫理學的研究讓我們有機會在回答「怎樣的行爲合乎道德？」這個問題之前，先反省「什麼是道德？」這個問題。這其實是一個很重要而且很根本的步驟，因爲它關乎前提的設定。如果我們在後設倫理學的提問與分析過程中，發現所謂的道德判斷不過就是一堆情緒，或者只是一些有限、狹隘的風俗陋習（如我們先前所舉沈從文〈蕭蕭〉一文中所出現的「沉潭」家規），甚至只是一種想像，那麼，所謂的道德規範還有什麼遵循的必然性呢？從這角度看，對倫理學的後設討論確有其必要。就像我們在前面提到的「柏拉圖洞穴比喻」，我們務必要時常低下頭來想想自己，看看自己身處何處，也就是要反思自己的問題，因爲往往問題的關鍵不在別人，而在自己，道德問題尤其如此。

試想，如果我們以民國初年的觀念來看當今的民主社會，那會產生多少荒謬的道德判斷呢？而如果我們經由後設倫理學的討論，看清楚道德判斷其實會因時因地有所差異，不是那麼地「天經地義」，我們就有機會隨著時代的變化來重新賦予道德的內涵，也才不至於有所謂「禮教殺人」的事，這樣不是比較合理的發展嗎？在沈從文的筆下，民國初年的「女學生」簡直被當時的人認爲是怪物，爲什麼？因爲「女子無才便是德」啊！應該大門不出，二門不邁的，怎麼可以這樣拋頭露面跑到外頭跟男人一起讀書呢？這種男女不平等的觀念在今天看來匪夷所思，當時卻被視爲當然，說來豈不令人感慨。

很多觀念不只因爲時代的隔閡被認爲「天經地義」，在不同的地區也常因爲地理或族群的隔閡，而各自有被認爲「天經地義」的事。這種情形在人類學的研究中最爲常見，做田野調查的學者常常發現不同族群之間，擁有彼此迥異的道德標準。有人說，一個人若要打從心底去除種族歧視的偏見，一個最好的方法就是去做人類學的研究。因爲那會讓你發現各種不同文化所擁有的不同道德標準，這一來，你就不會再自以爲

是地認為自己的最好，別人的都是野蠻落後。以前台灣的小學課本都教吳鳳的故事，現在不教了，為什麼？首先，這事情根本就是杜撰的，有誰會為了感化「番人」，穿紅衣帶紅帽騎白馬去赴死？更重要的一點，這故事裡所顯現的道德偏見，嚴重扭曲了原住民文化的精神。除了硬要「番人」覺得自卑之外，一點尊重理解的空間都沒有，不合乎當代文化認知的標準。

　　這些都跟後設倫理學的討論相關。後設倫理學的興起幫我們在倫理學的討論上多開了好幾道窗，它的影響基本上是可以肯定的。但是也有人擔心，如果說我們對所有的倫理規範都提出這一類後設的質疑，譬如：「一個年輕人為什麼要遵守『青年十二守則』？」、「『青年十二守則』的本質是什麼？」、「為什麼是這十二條而不是另外的十二條？」，那會不會讓道德規範落入一種相對主義的情境？而一旦變成這種狀況，我們還有沒有談論道德的空間呢？因為既然不同的族群對同一件事會有不同的想法，在強調多元、彼此尊重的原則下，似乎不可能有普遍的道德規範，這樣會不會削弱道德的說服力？

　　這的確是個難題。在二十一世紀的今天，多樣面貌的文化在全球各地呈現，各種新議題、新觀點也隨時湧出，要建立一個放諸四海皆準的道德規範確實不可能。但這並不表示，道德從此變成一種虛無的存在，一切可以為所欲為。我們可以用「脈絡」的觀點來看這個問題。

　　所謂「脈絡」指的是每個人在每個當下所隸屬的人際關係。人是社會性的動物，無法離群索居，他基本上會屬於某個團體，這團體當然會變，譬如從小到大我們分別唸了不同的學校，各校的校風不盡相同，有的比較自由開放，有的比較拘謹保守，甚至大學畢業後出國唸書，還遇到跟台灣迥然不同的校園文化，這些差異變化是可能的，也就是說，我們終其一生，會在許多不同的「脈絡」中生活，不太可能一輩子只待在一個群體之中。因此，在不同的團體中調整道德的規範其實是可能且合理的。譬如，在學校當個學生和畢業後進部隊服役，跟退伍後進入某個

企業工作，其中的道德規範（譬如說「工作倫理」）可能就各不相同。學生時可能強調獨立思考，當兵時可能被要求絕對服從，而在企業工作時又因不同公司而有不同的思維和作法，這些都顯現出道德規範的動態面，瞭解了這點，或許有助於我們比較細膩地處理倫理問題。

但是在這些不同的脈絡之外，我們發現小脈絡之外還有大脈絡，譬如說，你是你家族中的成員，也是新力公司的一分子，也是台北市市民，更是中華民國國民，然後，毫無疑問地，你也是地球的一部分。因此，當你思考道德問題時，這些層層相連的脈絡，就成為你思考時必須放進去的因素。舉例來說，如果你生活在一個富裕的環境，各種資源不虞匱乏，食衣住行育樂各方面，想怎麼用就有能力怎麼用，在這個脈絡中，你較為大方的消費型態不會引發你的道德焦慮，你可以用這種方式過得好好的。但是，如果你把自己放在世界的脈絡中，你可能很迅速就發現這世界上還有成千上萬人的生活條件遠不及你的萬分之一。譬如2010年海地大地震之後所顯現出來的悲慘狀況，很可能就會使你產生罪惡感，因而改變自己的生活模式。

我們因此可以看出「脈絡」在做道德判斷時的意義。這個世界由大大小小的脈絡構成，道德相對論裡所談論的並不是絕對的「相對」，因為這些相對的脈絡彼此可能共同屬於一個更大的脈絡。譬如，歐洲、亞洲、美洲、非洲各國可能各有不同的道德規範，但除非大家都不跨出自己的國界，否則一但進入全球體系，就必須遵守一些普世的價值，不能以多元文化為由，無限上綱道德思考的獨特性，這可能是當今二十一世紀大家必須有的共識。而用「脈絡」來思考道德的正當性，或許不失為一種合理的方法。

第六章

哲學的相關領域

哲學與人生

第一節 哲學與宗教

　　哲學與宗教這兩門學問自古以來若即若離，彼此之間有很多本質上相同的問題，卻也往往各自採取了不同的處理方式，因而開展出不一樣的視野。而這兩個側面的問題都跟我們的生活有貼切的關係，值得好好探索。

　　基本上，哲學探索的目的在於尋找一個可以讓我們安身立命的方式。就好像我們坐上沙發椅之後，會很自然地為自己找到一個最舒服的角度那樣，哲學的思考也具有同樣性質的功能。既然如此，哲學理論的第一個任務就是要認識我們所處的這個世界，先前我們曾經用「睡午覺被喚醒」的比喻來說明人類的第一個哲學問題，道理是一樣的。

　　呂克・費希（Luc Ferry）❶曾經分析，在希臘文當中，theoria（理論）是指「我看到神奇的事物」，而對希臘人來說，這「神奇的事物」指的便是宇宙和諧的秩序，所以哲學的首要任務就是要瞭解關於這秩序的一切，並以之為幸福生活的依歸。但基督教出現之後，這個和諧的秩序（或說「神奇的事物」）被「基督」的概念取代，基督是個特殊的人，宇宙間的真理在祂的身上體現，我們認識祂便認識了宇宙真相。從「基督」到「天國」、「永生」的概念，基督教因為對信眾有更多直接的許諾，似乎也因此獲得了更多人的信賴，在西方形成了一個龐大的文明現象。

　　在這樣的比較當中，我們可以發現這兩者之間有一個共同的模式：

---

❶法國當代哲學家，1951年生，巴黎索邦大學哲學政治學教授，他在*Apprendre à vivre*（中譯《給青年的幸福人生書》）一書當中對希臘哲學如何過渡到基督教信仰有深刻的論述。

兩者都凝視著一個對象，然後透過對這對象的凝視（包括觀察、思考、描述），逐步建立一套完整豐富的論述。追隨者身處其中，便有了一種安身立命的幸福感。

從這角度看，哲學與宗教本質上都看得到「自我合理化」的痕跡。當希臘哲學的天文知識尚未受到近代科學挑戰時，這些哲學的思考者可以在不矛盾的情況下，把自然科學的前提推演到人生的價值場域上，而如果這個前提受到挑戰（也就是說，如果科學證明了，宇宙並非如他們所認為的那麼有秩序），其遭逢的挑戰力道是可想而知的。不過在古希臘時期，這種情況並未發生。

至於在宗教的領域，這個前提受到挑戰的機會就更微乎其微了。為什麼？因為到了宗教階段，「用理性證明」的要求逐步變成「用心靈信仰」，對一位信徒而言，他無需證明他凝視對象的真實性，只要堅定的相信祂，就可以浸潤在以這對象（基督）為核心的完整脈絡當中。

但即便如此，西方哲學史上還是有許多哲學家試圖用理性的方式來「證明」上帝的存在，這在中世紀的士林哲學裡特別多，譬如說多瑪斯的「五路論證」。這種用哲學證明神學論題的方式，基本上可以看成希臘哲學遇上希伯來信仰所產生的結果，而這些論證是否真的能夠加強宗教的說服力，恐怕是一個十分值得研究的問題。

我們不妨看看多瑪斯的「五路論證」是怎麼進行的：

1. 所有的事物都有一個推動者，否則它自己不會動，以此類推，那最後的「不動的原動者」就是上帝。

2. 所有事物都有原因，以此類推，那最根源、本身不需要另有原因的原因，就是上帝。

3. 一切的必然性都有其根源，以此類推，那所有必然性的根源就是上帝。

4. 世上有許多完美的事物，這些必然都源自於一個至善至美的事

物，就是上帝。

5.許多無生命之物都在完成某個目的（譬如水往下流），這個目的
只能存在於無生命之物的外部，追溯到源頭，那最終的目的即是
上帝。

這些論證說起來其實並沒有夠強的效力，有不少想當然耳的成分，
這也就是為什麼哲學史上談到中世紀哲學時，會有「哲學成為神學的奴
婢」這樣的說法。主要原因即是，當時的哲學被援引到一個不盡恰當的
領域中，去做一些不屬於自己分內的工作，當然是吃力不討好了。就好
像今天如果我們要求一群科學家用科學實驗的方法證明上帝的存在，恐
怕也只是白廢力氣罷了。

因此，我們在這裡可以看清楚一件事，宗教信仰的精髓並不在於
「知」，而是在於「信」，甚至，如果一位信徒滿足於這些論證，他很
可能會因此喪失他的宗教熱情。因為，在理性的引導下，他會被帶到一
種理性的心態中，而一旦失去了宗教層次的主觀感受，他所看到的就不
再是宗教心靈所延伸的視野了。

這也就是我們為什麼要說哲學與宗教若即若離的原因，基本上，二
者都在追求一個安身立命的方式（這裡所說的哲學特別指人生哲學），
都要為自己尋找一棟house（海德格曾說語言是一棟house，這其中頗有
相通之處）。對哲學而言，這棟房子提供了一套由核心概念所發展出來
的完整論述，譬如說，卡繆從「荒謬」的概念論述了他的哲學內涵，這
整套哲學就是一棟house，一位要進入這棟房子的人，必須要瞭解並認
同卡繆對「荒謬」的描述（人生真的如卡繆所描述的那般荒謬嗎？），
並且對這房子裡的每個部分都能心領神會，這樣浸淫、學習一段時日之
後，卡繆的哲學便會在他的生活當中發揮作用，形成他一種獨特的「荒
謬」人生觀。

就這點而言，宗教跟哲學可說只有一線之隔，如果有人在某位哲學

112

家的哲學裡找到了與他貼心的眞理，而另一個人在某個宗教的教義中也找到了令他感動的眞實，那我們可以說他們都爲自己尋覓到一棟可以安身立命的house。只是宗教所建的房子可能更爲巨大，它甚至包括了前生今世，乃至於一些不可思議的事蹟的想像與期待。或許也因爲如此，信徒往往要藉由超越理性界線的宗教熱情去充實這間大房子。因此，在方法上兩者有別，但就「因信生義」這個模式來說，兩者是相同的。都是因爲你接受了某些前提（基本上哲學的前提是理性思考的結論，而宗教上的前提可能帶有比較多的直覺和主觀感受），而進一步進入更多豐富的細節中。呂克・費希在《給青年的幸福人生書》中提到基督教獨特的對人的定義，以及前所未有的對愛的想法，他認爲，「如果沒有基督教這種特有的對人的尊重、個人價值的強調，就不會產生我們今天如此堅持的人權主張」。所謂「因信生義」的意義即是在此。至於這種對愛的想法源自何處？答案是源自耶穌基督，祂說了算，你若自許爲信徒，就不必懷疑，跟著走就對了，倒也不必像哲學那麼步步爲營，有時還進了死胡同繞不出來。

　　經過以上討論，我們大概比較可以掌握宗教和哲學在本質上的異同。不要忘了，不管宗教或哲學，可都是人的產物，所謂「人同此心，心同此理」，很多人類社會的事物其實是相通的。但畢竟每個人的心性、氣質總有差異，所以有人選擇宗教，有人選擇哲學，而不同的選擇之間，有時候可是一步就能跨過去的呢！

第二節　哲學與政治

　　在儒家的傳統思想中，哲學與政治之間有一條相通的道路。我們看看《大學》裡是怎麼說的：「物格而后知至，知至而后意誠，意誠而后心正，心正而后身修，身修而后家齊，家齊而后國治，國治而后天下

平。」顯然，從哲學層次的「格物、致知、誠意、正心、修身」（這其中包含了知識論、心性論、倫理學）到政治學層次的「齊家、治國、平天下」，《大學》作者❷毫不猶豫地把哲學引導到「眾人之事」的政治場域。這似乎是中國古典學問一個根深柢固的傳統，不像佛教徒那樣，修了一輩子不是為了成佛就是要做羅漢，儒家的思維可沒那麼出世。孔子也好，孟子也好，在政治實踐上都有強烈的企圖。孔子辛辛苦苦周遊列國尋找施政的機會就不說了，即便像孟子這樣一位把心性問題講得那麼精微的思想家，不也喜歡四處去見梁惠王、齊宣王、滕文公這些政治領袖？《論語・先進》裡記載孔子與幾位弟子之間那段有名的對話，曾點所說的「浴乎沂，風乎舞雩，詠而歸」固然傳頌一時，可是大家別忘了其他三位，子路、冉有、公西華所談的抱負，可都是如假包換的政治理想啊❸！可見在儒家的脈絡裡，哲學的終極關懷要到政治的地圖上找，所謂「內聖外王」，所表達的就是這個意思。

　　哲學是一種抽象的思考，而政治卻是現實中的具體事務，兩者的關係似遠實近，它們之間的距離絕對比我們想得還近。人類歷史中的許多事件往往受到一些形上觀念的左右，我們不要以為精神層面的東西看不見摸不著，說說就算了，其實不然，抽象層次的觀念或信仰所能造成的影響，常會大過我們的想像。德國社會學家韋伯曾經寫過一本很有名的書《新教倫理與資本主義精神》，他認為二十世紀在西方大行其道的資本主義，背後其實跟新教徒的倫理觀有密切的關係。當馬克思式的唯物史觀認為上層的政治、文化結構由下層的經濟基礎決定時，韋伯認為同樣的下層基礎可以有不同的上層建築，反過來，上層也會影響下層，文

---

❷朱熹說《大學》通篇是「孔子之言，而曾子述之」。

❸子路說：「由也為之，比及三年，可使有勇，且知方也。」冉有說：「求也為之，比及三年，可使足民。」

化因素（思想）也可以推動經濟形態的改變❹。也就是說，我們腦袋瓜裡的抽象觀念，最終會促成物質世界的改變，韋伯的觀點跟馬克思的說法剛好是兩個不同的方向。

　　這不是很有意思嗎？我們常說周公制禮作樂，幫周朝打下八百年的基礎，仔細想想，若非這套禮樂制度的背後有周公深思熟慮過的觀念做基礎，它是不可能取得那麼龐大的統一性與有效性的。所以我們在觀察現實社會中的一些制度或事件時，最好相信那背後有無窮的討論及思考空間。人類的思想就像燈光，燈光能照多遠，我們就能走多遠。燈光沒照到的黑暗之地並非一無所有，它往往只是等著被照亮。「啓蒙運動」中的「啓蒙」英文叫做enlightenment，就有照亮的意思在裡頭。

　　既然如此，那我們的社會似乎迫切需要一種共識，就是，大家同意，在許多公共議題中，一些目前所沒有的想法與做法，並不一定是不可行，而是我們社會的語言（也就是思想）尚未有足夠的能力去描述，使得那些可能的做法沉浸在黑暗之中，無法被社會看見，也因此就被否定掉了。

　　這種例子多得不勝枚舉。魯迅小說〈藥〉裡描寫一個爲了民主理念不惜犧牲生命的革命青年，不但沒得到支持，被抓去砍頭的事情傳出去時，還在茶館裡引來一班清客的冷言譏諷，到頭來那爲革命獻出的鮮血，還塗到一顆饅頭上，讓一位患了癆病的年輕人當作救命藥給吃下去，證明了「拋頭顱，灑熱血」只是徒然。爲什麼會那麼荒謬？就是因爲觀念上的封閉愚昧。的確，在魯迅那個君權至上的「家天下」年代要談「天下爲公」，不被當成瘋子才怪。爲什麼魯迅要棄醫從文？他就是想藉由文章傳播觀念，觀念提升上去了，就好比把那塊地方照亮了，事情才有發展的希望，這是從根本的地方解決問題。

---

❹余英時，《中國近世宗教倫理與商人精神・序論》，聯經出版社。

　　在魯迅的〈藥〉這篇小說中,「天下是大清的天下」這樣的觀念被當時的人視爲是「天經地義」的事,這是造成很多東西談不下去的原因:既然「天經地義」,那還有什麼好談?所以,從哲學批判的觀點來看,我們應該盡量去除「天經地義」的想法,許多被認爲是「天經地義」的事,事後證明不過是難以改變的積習罷了。只要願意懷有反省批判的精神,千年的帝制都可以推翻,還有什麼是不能變更的呢?在沈從文的小說〈蕭蕭〉裡,我們看到在民國初年,「女學生」這樣的身分簡直被看成是怪物,爲什麼?因爲女人應該大門不出,二門不邁,乖乖待在家裡,做一個「女子無才便是德」的觀念籠罩下的好女人。這不僅在中國,即便歐美也有一樣的女性歷史演進過程。但畢竟這樣的現象在近代持續地受到強力批判,修正至今,中外各國的女性地位已經跟百年前大不相同,不要說「女學生」,就算女總統、女總理也不再是什麼稀奇的角色。這也是一個哲學(思想)影響政治(現實)的明顯例子。我們可以說,如果沒有哲學思想的推動,政治現實是不會有什麼變化的。

　　剛剛提到儒家脈絡裡哲學與政治的關係,其實不只儒家,在先秦所謂的九流十家當中,每一個流派的思想都同樣想解決當時的各種現實問題,可說都與政治相關。只不過大家對現實的體會不盡相同,現實感有強有弱,所以提出來的方案在政治上被接受的程度就不一樣。牟宗三先生在提到先秦法家時曾說「法家人物的現實感很強,因此能夠擔當時代所需要的工作」❺,相對地,儒家和道家所談的東西可能跟現實的急迫需要有點距離,孟子不是跑去跟梁惠王說:「王何必曰利?亦有仁義而已矣」❻嗎?他認爲如果大家都以自身的「利」爲首要考量的話,會「上下交征利」,那國家就危險了。所謂「萬乘之國,弒其君者,必千乘之家;千乘之國,弒其君者,必百乘之家。萬取千焉,千取百焉,不

---

❺牟宗三,《中國哲學十九講》,頁177,學生書局。

❻《孟子‧梁惠王上》。

為不多矣」❼，這樣還得了？所以他反對開口閉口都在談「利」。而如果以仁義為準則的話，「未有仁而遺其親者也，未有義而後其君者也」❽。這樣對國家整體當然是比較好的。孟子視野較高，看得較多較遠，不一定看眼前的東西，這固然很好，但可能也因此讓人家覺得繞太遠，在現實上比較沒有說服力。不論如何，孟子腦裡對自己那一套關於仁義的論述可是清楚得很而且深具信心的，他用強大的熱情推動那些理念，雖然在現實上跟孔子一樣，都沒有很大的成就，但他們倒也因此為後代政治思維樹立了典範，讓大家知道政治未必要依照現實世界的叢林法則來運作（「王何必曰利」），而是對理想的堅持才真能夠打動人心。說起來，這兩者（理想和現實）對政治而言都有其必要性，有人重理想，有人重現實，法家現實感極強，各種政策從訂定到執行都不會打空包彈，所以能夠「廢封建，立郡縣」，成就一番事功。道家可就是另一個極端了，試想，在「無用之用是為大用」的基調上，莊子先生對現實會有多強烈而直接的concern呢？他的觀點是一種超越的境界，可普天之下的凡夫俗子究竟有幾人真能瞭解這路學說的精髓？莊學被人家說成了「衰世之學」不是沒有道理，畢竟在「逍遙遊」的同時，現實人間的種種問題難免就不斷被「超越」，而無暇解決了。人家說順了姑意便逆了嫂意，「理想性」和「現實性」會不會正是那無法兼顧的姑跟嫂？但不管側重現實或側重理想，我們在法家、儒家乃至於道家身上，都清楚地看到一條哲學通往政治的路徑，這是毫無問題的。

　　所以，或許我們可以用「尋找政治背後的哲學思維」的方法，來判斷當今之世各種紛紛擾擾的政治現象。也就是說，我們可以去思考政治現象背後的那套想法是否為我們所認同。就以先前提到的法家為例，他的模式固然有強悍的力量，但或許你會認為這樣唯法是問的社會缺少了

---

❼《孟子・梁惠王上》。
❽《孟子・梁惠王上》。

什麼東西，若要建立一個更細膩、更有內涵的社會，一套有深度的哲學思維恐怕才是眞正的活水源頭。這時候，可能儒家的思想觀念更有機會打動你。基本上，哲學的反思可以爲政治行爲帶來價值感，價值感很重要嗎？這東西說起來抽象，看不見摸不著，卻往往可以撼動人心。我們可以說，缺乏哲學反思的政治作爲不會產生核心價值，容易淪爲一種僅僅爲了排難解紛而存在的權宜手段，是無法長治久安且令人感動的。這麼說來，哲學與政治之間的關係，眞可以說是非常密切而且重要啊。

第三節　哲學與歷史

在「哲學與人生」這個課題當中，我們讀到了許多哲學家對於理想人生的描述。這些學說的背後都有許多內容豐富的理念。譬如孔子的「仁」、莊子的「逍遙」、老子的「道」，乃至於柏拉圖的觀念論，或基督教的上帝，這些都是構成他們哲學思想的主要成分，也因此讓許多人分享了他們精彩的哲學思維。但如果進一步問下去，這些基本上屬於應然層面的理念，在人類實際的歷史進程中是否曾經展現出來？還是一直停留在哲學家的腦海裡，只能作爲一種形上思辨的結論，而無法在人間社會尋得？我們曾經在社會中實踐了仁義禮智嗎？「自由」的狀態曾經眞的在歷經掙扎後，出現在某一段民族的歷史當中？究竟我們應該如何看待在歷史洪流當中，形上理念與形下事件的對應關係呢？眞有「歷史哲學」這回事嗎？還是，所謂的「歷史哲學」不過是哲學家對歷史進程一廂情願的幻想？果眞如此的話，那它的存在還有什麼意義呢？這實在是一個十分有趣的問題。

我們以黑格爾哲學爲例，黑格爾認爲歷史的發展依循著一定的軌跡，是人類精神展現的歷程，也就是「自由」理念展現的歷程。這種展現因著不同的民族，在不同的階段，會有不同的內容。我們在觀看歷史

事件時，可能只看到表面的故事性，諸如「從此王子與公主過著幸福美滿的生活」這一類的事件描述，殊不知其背後有抽象理念在推動著具體事件的呈現。從封建制度到城邦政治、工業革命、資本主義、民主政治，黑格爾認為「自由」的理念在歷史發展的過程當中一步一步實現。他甚至在《歷史哲學》一書當中，明確地將世界史區分為兒童、青年、壯年、老年四個不同的階段。東方世界屬於兒童階段，這階段裡的人對於「精神自由」的自覺尚未產生，人受到無自覺的「自然性」制約（所謂「自然性」是指像生、老、病、死那樣的自然過程，人對這樣的現象無力反抗，只能接受，從人到社會到國家，都必須面對這樣的宿命），「自由」所展現的形態至多是個體有限的自由。而希臘與羅馬則分屬青年與壯年階段，這時的人能脫離自然性而進入對「精神自由」有自覺的階段，較諸前面的東方世界，顯然較高一級，所展現的自由形態為群體自由。到了日耳曼民族所代表的最高階段，人不但有了對「精神自由」的自覺，還可以用這種自覺支配一切，這是最成熟的老年階段，所呈現的自由形態是全人類的自由❾。黑格爾的說法呼應了西方理性主義出現的歷史，理性主義在西方的近代歷史中，催化了科學與工業革命和資本主義的產生，其所造成的「除魅」現象倒也頗能合乎黑氏哲學對「自由」的想像。

　　黑格爾這樣的說法將形上的抽象理念與形下的具體事件結合，可以說是「歷史哲學」模式的代表作。但這種哲學所建立出來的體系雖然龐大，卻極易遭致證據不足、過於籠統的批評。尤有甚者，黑格爾以基督教文化為中心所描繪出來的世界圖像，在東方人看來顯然偏頗。這樣的「歷史哲學」到底有沒有說服力呢？

　　或許我們可以用日常生活的事例，來理解抽象的理念究竟如何在歷史的過程中顯現出來。我們以個人為例，假設你今天有一位非常知心

---

❾傅偉勳，《西洋哲學史》，頁481，三民書局。

的朋友，你們朝夕相處，無話不談，對方的一舉一動，所思所想彼此都瞭若指掌，你可以對他暢所欲言，也都能夠獲得他適當的回應。久而久之，透過與對方的對話，你變得越來越瞭解自己，一些原本隱藏在你體內的潛質逐步浮現，你比以前更成熟，更有信心，也更自由，你生命歷程中不曾擁有的特質一一出現在你的日常生活中。這個狀態跟你與這位知心朋友的對話有絕對的關係，若非你們彼此間的互動、對話，你對許多事情的真相可能渾然不覺，連「問題意識」都沒有，更別說有機會能深入思考事情的各個層面，並且將它實現出來（譬如說，有一天你恍惚大悟，原來人是可以獨立判斷的，原來那些有頭有臉的政治領袖其實謊話連篇，原來歷史敘述的真實性那麼脆弱……）。這就是「開顯」。你與這位知心朋友的持續對話「開顯」了你的存在，改變了你的本質。依這角度看，存在的內涵確實在一定的條件下會被開顯出來，在適當條件的激發下，我們會看到存在更豐富的內容，條件到哪裡，存在的內容就顯現到哪裡。

再舉個例子：這年頭很多人喜歡強調旅行的意義，認為一趟盡興的旅行可以讓我們的心靈獲得一個嶄新的高度，意義十分重大。不只現代人這麼想，十九世紀中葉，許多歐洲的年輕人隨著鐵路和輪船的興起，也常常有「壯遊」（grand tour）的計畫，一些年輕人旅行歸來之後，眼界擴大，個性改變，價值觀重新調整，接下來的人生有了截然不同的面貌。其實這也是一種存在的開顯，我們用具體的行為（旅行）將一些抽象的理念、精神、價值實踐出來（譬如勇敢、熱情、堅毅、自由、求知的慾望……）。可見這條從抽象世界通往人間社會的道路確實存在。否則，耶穌基督的愛要如何才能被人感受、明瞭呢？中國人講「踐仁知天」，其中的道理也一樣，「道」一定是透過實踐才會呈現出來的。

個人如此，那記載眾人之事的歷史是不是也是如此？歷史是否如黑格爾所說，透過人類完成的事件，逐步「開顯」出抽象的「自由」理念呢？荊軻刺秦王、商鞅變法、董仲舒罷黜百家獨尊儒術、赤壁之戰、趙

匡胤杯酒釋兵權、蒙古人入主中原、鄭和下西洋、馬關條約割讓台灣、戊戌變法、辛亥革命、阿扁當總統……這些歷史事件是否如上一段所說，經由事件開顯出一些形而上的理念？抑或只是偶然的因緣（也就是條件）聚合所形成，不具有特定的意義？如果是前者，那我們大可以像黑格爾那樣，在抽象理念的引導下對歷史的走向做出預言。或者像牟宗三在《歷史哲學》一書中所做的後設分析，他認為中國歷史從「綜合的盡理之精神」與「綜合的盡氣之精神」兩個方向，透過一個個歷史人物的活動，分別開顯出道德的主體自由，與美的主體自由。牟宗三以這個立論回應了黑格爾在其《歷史哲學》一書中所謂中國沒有「主觀自由」與「個體性之自由」的說法，為中國歷史哲學的確立指點出一個很有深度的方向。

　　人有限，歷史則是連續綿延的。所以在時間巨流中恆存的「道」，其內涵就無法靠單一個人完成，而必須像接力賽那樣一棒接一棒才能逐步開顯出來，這是「歷史哲學」得以成立的基礎。「一陰一陽之謂道，繼之者善也，成之者性也」〈繫辭上傳〉，指的也是這個模式。牟宗三在〈關於歷史哲學——酬答唐君毅先生〉一文中指出：「道德心靈之內容即所謂心德無窮無盡，而人又是有限的存在，故其心德之內容絕不能一時全現，而必待於在發展中步步自覺，步步實現，因而亦步步有所成就。此即所以有歷史之故。假若一時全現，則即無歷史可言。上帝本身（神心本身）並無所謂歷史。」就是在談論這番道理。

　　這段話可以讓我們領悟到個人與歷史之間的呼應關係。一個人如果希望自己活得有深度，那他的生命記錄就不應該只是吃喝拉撒睡那樣地簡單明瞭，而是要認真地去探索一些生命的意義，讓個人的生命體驗不是日復一日的平庸生活，而是有豐富內涵的生命歷程。同樣地，由個人組成的民族（或國家），如果希望自己的歷史不只是無數個單一事件的拼湊記錄，而是一個能迸發能量（繼之者善也，成之者性也）的有力展現的話，那麼在「歷史哲學」這個領域的反思就非常必要。深化過的歷

史哲學探索可以幫助我們瞭解，在那麼長的時間當中，「我們」（走過時光隧道的每一個人）究竟做了什麼？這不是一件很有意思的事情嗎？當哲學遇見歷史，肯定會迸出美麗的火花。

第七章

哲學與藝術生活

第一節　藝術與人生

　　仔細想想，人還真是一種相當聰明的物種，我們不但發展出許多哲學論述來表達對生命的體會，也在哲學之外，用許多有別於語文敘述的方式，創造出各種不同型態的藝術品，讓人生的各個層面都有機會在不一樣的側面被呈現。各種嶄新的意義和美感經驗在歷史中不斷地湧出，使我們的人文世界多采多姿，也讓人覺得活著是一件非常快樂而豐富的事。的確，藝術在很多地方影響著大家的生活，接下來我們就來談談藝術與人生的關係。

　　在西方的語言脈絡中，「自然」（nature）和「藝術」（art）都是被創造出來的東西，但是創造者卻不同。「自然」是上帝創造出來的（nature源自拉丁文natus，誕生的意思，也就是說上帝創出了nature），而「藝術」（art在這裡的意思就是artificial，「人造」之意）則是經由人類之手才得以出現。這裡所謂的「自然」是指像山川大海、鳥獸草木之類的萬物，當然也包括我們人類。「藝術」是指像音樂、繪畫、雕塑、舞蹈等等，由人類所創作出來的作品。

　　從這個區分，我們可以更進一步體會到藝術與人生的密切關係。人會創造藝術，就像上帝會創造萬物那麼必然。或者說，人在創造行為裡的狀態，可直比上帝創造萬物時的那種神聖性與絕對性。從這角度看，也許我們更能理解藝術創作的內涵，也才知道歷史上為什麼有那麼多才華洋溢的藝術家，會將畢生的精力投入這個領域，即便在現實生活中並沒有得到等值的回饋。

　　到底藝術的魅力在哪裡？為什麼它會在許多人的生活當中產生巨大影響？我們分別就幾個方向來探討。

第二節　藝術的獨立價值

首先，就「價值」而言，藝術具有一個獨立的位置，不受現實世界特定因素左右，這一點形成了它的超越地位，因而讓人在優遊其中時覺得自由快樂。這裡所謂的價值指的當然不是一件藝術品在商業上的「價格」，這兩點完全不同。「價值」取決於作品和觀賞者之間的關係（觀賞者對作品的判斷），基本上是一種單純的滿足。但「價格」卻是由一套資本主義的市場機制決定，裡頭混雜了許多因素。所有資本主義市場裡可交易的東西，在價格的確定上都有複雜的盤算。譬如說，是過時的還是當紅的？是有名的還是默默無聞的？是幸運的還是運氣不好的？這些藝術創作之外的因素都會影響藝術品的價格，我們這裡談的「價值」當然不是這個，而是指它本身爲觀賞者帶來的形而上感受。

在康德著名的三大批判書中，《判斷力批判》處理的正是美學的問題，「什麼是美？」這個在藝術領域永遠被探討的問題，康德做了十分精闢的分析，康德說「美感」是一種「無關心的滿足」（disinterested satisfaction），它跟「快感」不一樣。「快感」是有所關心的，它關心某個對象，而且由主體跟這個對象的利害關係來決定是否得到滿足。美感則因爲是disinterested，所以是一種純粹的感受，超越自身利害。我們舉《論語》裡的一段話來說明。

《論語・先進》裡記載，有一天孔子要幾位弟子各自談談自己的志向，當子路、冉有、公西華等人都談了一些跟政治相關的想法後，曾點說了一段跟前面三位都不相同的心願。他說他最嚮往的是「莫春者，春服既成，冠者五六人，童子六七人，浴乎沂，風乎舞雩，詠而歸。」孔子聽了之後讚歎一聲說：「吾與點也！」也就是說他贊同曾點所描述的那種情境。那是一種怎樣的情境呢？我們從康德的觀點看，那其實就是

一種「無關心的滿足」。一群人在春天的大自然裡玩玩水，兜兜風，然後唱著歌回家，那種美感純粹自然，而且超越了利害關係和對象，這是美感經驗的典型，也是藝術價值之所在，也是藝術魅力最主要的來源❶。

第三節　藝術的特有形式

其次，藝術的魅力來自於它對觀賞者提供了一個與日常生活經驗完全不同的形式，這個形式平日可能隱藏在我們的潛意識之中，一般人或許不太有機會察覺它的存在，它可能被忽略甚至被壓抑了。可是敏銳的藝術創作者用他的才華不斷地去挖掘，他深知人類精神所能到達的領域，不應該只是像我們現實中所看見的那個模樣，現實之外一定還有許多動人的東西等待我們去追尋。就像「夢」，很多人在夢裡得到極大的快樂或哀傷，這些在現實中消失不見的感受，在夢中卻不時出現而加重了做夢者的存在感。這樣的夢值得我們去追尋嗎？

就這意義而言，藝術也像夢，一個我們可以主動去編織的夢，這個夢可以接納我們現實之外的東西，帶給我們甚至比現實還強烈的感覺。所以，先前所說的藝術的獨立性，其實是一種本質性的東西（也就是說，藝術的本質已經宣示了它的獨立性）。因為，在本質上，藝術創作原本就不可能等同於現實。在「提供一個新形式」這個意義上，它甚至可以說是「脫離」現實的：我們要如何把梵谷的畫跟他所取景的現場劃上等號？不要說繪畫，即便是在日文裡被稱為「寫真」的攝影相片，也無法有這樣的期待。現場永遠不會跟藝術作品一致。藝術比較像一場夢，我們的夢中有現實的素材，但卻被我們賦予了新的形式。

所以，藝術來自現實，但它永遠會溢到現實之外。它的魅力正是

---

❶參考徐復觀，《中國藝術精神》。

來自這種本質性的脫離。藝術品讓我們在現實之外看見另一個獨立的空間，可是它又跟現實有那麼多的牽連，這種與現實若即若離的狀態，形成一種「新現實」。很多人在這種「新現實」當中尋找到以前不曾發現的價值和感受，開啟了生命中完全不同以往的視野。

 ## 第四節　電影的魅力

　　當然，藝術創作的形式非常多，都各自用自己的方式與現實對話，也都因著不同的素材而創造出不同的效果，產生不同的「新現實」。我們就以電影來說好了，這個二十世紀才興起的創作形式被稱為「第八藝術」，因為它在傳統的藝術形式如繪畫、音樂、文學、舞蹈、戲劇等等之外另闢蹊徑，綜合了聲光色影展現出一種如實境一般的全面性效果，感染力十分驚人。一個人進了電影院，燈光一暗，整個人就彷彿進入了另一個世界。在兩個鐘頭左右的播放過程中，隨著劇情的起伏，覺得自己好像過了一次迥然不同的人生，留下難忘的記憶。這是很多影迷都曾經有過的經驗。民國五十幾年時，李翰祥導演的《梁山伯與祝英台》在台灣轟動一時，有影迷天天帶著手帕到電影院邊看邊哭，非常入戲，而且在入戲的過程中經由哭泣洗滌心靈，獲得很大的滿足，一段時間下來看了不下數十次，這電影的魅力可見一斑。美國有社會學家認為，看《侏儸紀公園》長大的美國孩童，日後可能會真的相信當今世界還有恐龍存在。為什麼？因為那部電影拍得太逼真，使得孩子的潛意識裡植入了「恐龍還在」的觀念。果真如此，那電影跟現實的界線還真就是這樣被藝術創作給穿透了呢！

　　再舉一個藝術電影的例子。法國一九七〇年代有個大師級導演楚浮，他有一部很有名的片子《日以作夜》，片中用紀錄片的手法呈現電影工作的真實情形，觀眾可以看到電影藝術是怎麼被做出來的。電影裡

127

的藝術世界跟電影外的現實世界交錯，真真假假之間的互動十分有意思（我們到底是被戲裡還是戲外的世界感動呢？）。其中有一段，觀眾看到該電影的男主角在拍電影期間，他的女朋友跟人家跑了，男主角傷心到無法工作，片子無法繼續拍下去，整個拍片工作停擺。後來楚浮以一個深情影癡的口吻勸男主角，跟他說：「忘掉她，回到電影裡來吧！只有電影裡的世界是真的，其他都是假的啊！」這句話把一個全神貫注的藝術工作者的心態表達得很傳神，尤其在電影這一種會將創作者和觀眾置入「全面擬真」狀態的藝術形式，其所創造出來的「新現實」，更是具有無比魅力，對許多影迷來說，這「新現實」真的可以取代「現實」，到頭來孰真孰假已分不清楚，或者說，孰真孰假已不重要，哪個世界比較迷人才是重點啊！

希臘導演安哲羅普洛斯的電影這幾年在台灣頗受歡迎，他的電影風格獨特，極有韻味，一眼就可看出是他的作品。透過曲折的故事、如詩一般的畫面，乃至於略帶哀傷的緩慢音樂（他有一個長年合作的作曲家伊蓮妮‧卡蘭卓），導演建構了一個非常自我的世界。包括《永遠的一天》、《霧中風景》、《流浪藝人》、《尤里西斯生命之旅》、《鸛鳥踟躕》、《養蜂人》乃至於最近「希臘三部曲」的《悲傷草原》，都把他眼中所看到的世界做了淋漓盡致的表達。安哲羅普洛斯像個詩人，他在他的電影世界裡探討了各種問題。不論是對希臘歷史的探索，或是對人性的質疑，乃至於對語言本質的分析，他在電影裡都能透過一個又一個的故事將這些主題呈現出來。仔細想想，我們在日常生活中是否有機會思考這一類有意思的問題？答案往往是否定的。但一到了藝術世界，透過藝術家的經營，我們會看到一個來自生活卻又超越生活的另一世界，藝術讓我們驚奇之處正是在此。

第五節　繪畫的凝聚性

接著我們來看看繪畫這門藝術的特性。看起來電影跟繪畫有相當密切的關係，的確也有不少導演本身的繪畫底子十分深厚，像安哲羅普洛斯電影的每個單一畫面簡直就是一幅幅的畫。就這一點來看，兩者都能夠提供我們許多視覺上的美感。但畢竟電影的播映牽涉到時間，它敘述故事的方法基本上模仿了現實的流動，觀眾的理解方式也是一種「跟著走」的模式，這種模式比較像一篇逐步展開的散文，導演有如嚮導，引導觀眾去瞭解、感受一路上的風景而獲得快樂。繪畫在這一點上與電影有很大的不同，繪畫是凝聚的，它將前後的時間都凝聚在一個定點上，因此觀賞者必須用不同的方式去接觸作品。這過程像在解密碼：為什麼杜象❷〈下樓梯的裸女〉要這樣畫？畢卡索❸的〈格爾尼卡〉又要那樣畫呢？觀賞者必須用心體會甚至用腦思考，才能解讀出畫中的許多秘密。我們就以〈格爾尼卡〉這幅畫來做個說明。

〈格爾尼卡〉一畫的背景是一九三七年德軍對一個西班牙小鎮的瘋狂轟炸，這次轟炸造成了約兩千人的死亡，小鎮格爾尼卡被夷為平地。畢卡索當時人在巴黎，正接受西班牙政府的委託，為巴黎博覽會的西班牙繪製畫作，轟炸的消息傳來，畢卡索非常憤怒，決定畫一幅畫來控訴德國空軍的暴行。藉由這樣的背景資料，我們知道這幅畫的背後其實有個故事，這幅畫雖然是平面的，但它的故事卻是立體的，不僅立體，而且在暴行的蹂躪下血跡斑斑，讓人看了之後，不禁要譴責戰爭的殘暴。

---

❷杜象（Marcel Duchamp, 1887-1968），法國藝術家，達達主義及超現實主義的代表人物之一。

❸畢卡索（Pablo Ruiz Picasso, 1881-1973），西班牙畫家，二十世紀現代藝術的主要代表人物。

在這幅畫的畫面中出現的元素有：恐怖的牛頭、抱著死去嬰兒的母親、昂頭哀鳴的馬、手握斷劍的陣亡戰士、奔跑的女子、對著天空高舉雙臂的驚慌男子等等。根據畢卡索本人的說明，牛頭象徵暴力，也就是法西斯的德國，哀鳴的馬象徵受苦受難的西班牙人民，閃亮的燈火則象徵光明和希望……。可見畢卡索在這幅畫裡的視野是整體性的，他的思考與感受也都是全面性的，不但有時間的縱深，也有空間的縱深。而他把這一切都放在同一個平面，其濃縮凝聚的程度可見一斑。

這就是繪畫一事魅力之所在。畫家把他最精彩的觀察與思考凝固在一個畫面裡，也因此蓄積了大量的能量，這樣的能量會讓平面的畫作變立體，產生無以倫比的吸引力。我們可以說繪畫是「以靜『治』動」，它用一個靜止的畫面統御、整合變動的時間與空間，而形成與現實全然不同的感覺。杜象〈下樓梯的裸女〉打破傳統框架，捕捉人體移動的速度和連續性，將之凝固在一個畫面上，這種動靜之間的辯證（也就是動靜反差得到了統一），確是繪畫最為迷人之處。即便不說如未來主義或立體主義這一類現代藝術的思維，在十七世紀法蘭德斯畫家魯本斯❹所畫，有著鮮明寫實風格的人像畫當中，我們還是可以強烈感受到這股在靜止畫面與動態現實之間，因為動靜反差獲得統一所帶來的凝聚力量。這股力量具有一種純粹性，可以將觀賞者引導到另一個世界，就像愛麗絲夢遊仙境般，看到完全不一樣的東西。有些人可以整天凝視著一張畫作，或因為喜歡某一幅畫，便日復一日地看而不覺厭倦。想必這些人都能經由畫作的魅力隱遁到另一個世界，也同時忘記了現世中諸多使人不悅之事，個中奧妙，真是令人玩味再三。

---

❹魯本斯（Peter Paul Rubens, 1577-1640），法蘭德斯（今比利時北半部）畫家，巴洛克畫派早期代表人物。

第六節　音樂的抽象快感

　　在各種藝術創作的形式中，音樂是最抽象的一種。它看不見也摸不著，無色無味，現實中找不到具體的經驗與之對應。音樂用「喚起」的方式完成人類的美感經驗，而每一次的「喚起」都是當下，每個音符稍縱即逝，而以記憶的方式存留在我們的腦海裡。這種特質使得音樂的想像空間可以無限延伸，甚至進入神秘之境。古希臘哲學的畢達哥拉斯學派在音樂的音高比例當中，發現了宇宙的和諧之道，留下了許多從音樂談到整個宇宙的理論。巴洛克時期的音樂大師韓德爾在寫「彌賽亞」大曲時，一回僕人送飯進書房給他，發現他坐在桌邊淚流滿面，僕人驚問怎麼回事？韓德爾回說：「我看見上帝了！」那一刻他正寫完大合唱「哈利路亞」那段，這首曲子氣勢磅礴，流傳千古，韓德爾被自己的曲子感動了，他真的在音樂裡看到上帝了。音樂至此超越人間，直上天國，可不謂神秘乎？

　　西方音樂家如此，中國的智者也有同樣感受。《論語》裡記載：「子在齊聞韶，三月不知肉味。曰：『不圖爲樂之至於斯也！』」[5]因為音樂太美，讓孔子整個人進入一種純粹心靈的昇華狀態，使得感官作用被懸置，竟然就食不知味了。試想，這跟韓德爾從人間到天上，親見上帝，是否都是「官知止而神欲行」，兩者有異曲同工之妙？音樂的抽象魅力跨越中西，從最根本的地方，全面性地改變了一個人對存在的體悟，真是威力無窮啊！

　　這魅力從何而來？大致上我們可以從幾個方向來看。

　　首先是聲音的和諧。人類音樂的演出型態多半具有合奏的形式，

[5]《論語‧述而》。

這時「和諧」一事當然至爲重要。而即便是獨奏，它也有自身音與音之間的和諧問題。所以不管合奏或獨奏，「和諧」可說是音樂一個首要條件。而所謂「獨樂樂不如眾樂樂」，在人類的DNA之中，千百年來便隱藏著「和諧」的種子，跟孟子所稱「惻隱之心，人之端也。羞惡之心，義之端也。辭讓之心，禮之端也。是非之心，智之端也」一樣，讓人很自然就會想要聽到和諧的聲音。因此，基於這種「裡應外合」，一段和諧的音樂當然會帶給我們莫大的舒適感，產生巨大的魅力。人都一樣，處在和諧的情境當中會覺得很舒服，而處在雜亂的環境就坐立不安。對很多樂迷而言，音樂的極大魅力便是來自這種安定感，而和諧是安定的最重要因素。

再者，音樂另外一個魅力來源是它的節奏。音樂的節奏就像我們的心跳，人不能沒有心跳，旋律也無法脫離節奏獨自存在。所以我們在享受音樂所帶來的歡愉時，自然也會同時領略到節奏所賦予我們的快感。它雖然比旋律或和聲要來得單純，但產生的力量卻十分可觀。在世界各國的民族音樂當中，從印度到非洲，我們都發現有不少以節奏爲主體的音樂，也就是在沒有旋律的情況下，讓節拍擔負起該首音樂的全部功能。往往這些音樂的效能在這樣的情形下依舊強大，很能產生效果振奮人心。節奏在音樂的內部所發酵出來的感染作用是非常清楚的。

在這兩個因素的基礎上，人的想像力便能依附在音樂的形式上，讓音樂的聆聽者隨著音樂的開展而感動。這裡所謂的想像力，並不單純指人的聯想。什麼是聯想？譬如當我們聽到韋瓦第的《四季》時，腦子裡面出現春夏秋冬的畫面，這就是聯想。這種聯想的內容有時是受到音樂標題的影響（聽貝多芬第五號交響曲時想到命運，聽第六號時想到田園風光等等），有時則會連接到自己的經驗，用非常個人的方式回應他所接觸到的音樂。就像一些四、五年級的中年人聽到「校園民歌」時會激動不已，他想到當年種種而感動的成分恐怕大於音樂本身。

這種「聯想」的動作固然是一種「想像力」，也是聆聽音樂時一

個重要的方式，但這裡所謂的「想像力」還有更多的涵義。因為畢竟音樂是一門抽象藝術，所以在欣賞某些音樂時，欣賞者要有一種能夠「主動融入抽象秩序」的能力，這種能力是什麼？它需要能夠脫離現實的感受方式，而在抽象的層次獲得不同內容的感覺。譬如，我們平常說的「痛」，可以指肌膚受到傷害時的物理性疼痛，也可以指心裡很難過時的那種心痛。前者較具體，後者較抽象。同理，針對音樂當中一些抽象的表達，欣賞者必須將自己化身成音符，用現實經驗之外的方式，隨著音樂世界裡的抽象秩序起伏，在跟現實沒有牽連的狀況下，擷取到人類普遍存在的情感和美感經驗。這種經驗因為已超越了現實層次，所以彌足珍貴。許多人往往被音樂所呈現的美感震撼到，就是因為這種美感在經驗之外，日常語言難以訴說，對愛樂者而言在在都是不可思議的經驗。

　　我們在布拉姆斯沒有文字標題的交響曲中聽到什麼？在巴哈的無伴奏大提琴組曲當中聽到什麼？在比爾‧伊文（Bill Evans）的三重奏當中又聽到什麼？許多愛樂者在接觸這些音樂時，腦中並無任何與現實的聯想，他純然就是擁有我們所謂「能主動融入抽象秩序」的「想像力」，便能夠拋開身體的束縛，走進音樂。想來，從孔子聞韶樂之後「三月不知肉味」這件事來看，他老先生應該也是一位很有「想像力」的人吧！

第八章

強調生活感受的存在主義

第一節　存在主義在說什麼？

　　在西洋哲學當中，跟本書「哲學與人生」這個主題最直接相關的，恐怕就是存在主義。這個在二十世紀風行一時的思想，用論述、小說、戲劇等等不同的形式呈現在世人面前，影響了很多人的世界觀、人生觀。存在主義哲學家如海德格、雅斯培、沙特，都直接而深刻地討論了人的存在情境，把許多大家習以爲常，但事實上是被壓抑扭曲的人生處境一一分析出來，讓每個人都可以低下頭看清楚自己的眞正面貌，而不是隱身在強大的集體結構中泯滅了自我。這種對自我的討論與挖掘，的確讓許多人耳目一新，看到自己前所未見的存在面，因而改變了他生命的選擇，也改變了他往後的一生，影響十分重大。可見存在主義能蔚爲風潮，確有其受歡迎的內在原因。在上個世紀，它不僅滲入各種藝術的形式中，甚至還被應用到心理治療上。因爲它所強調的主體性、主體解放，跟心理治療所要達成的目標相近。從這點可以看出，存在主義跟我們實際人生的關聯非常密切，是一門重要的「人生哲學」的學問，值得大家好好理解。

第二節　何謂「存在」？

　　何謂存在？這個問題看似簡單，其實大有思考空間。我們「活著」的人就必然「存在」嗎？好像未必啊！中文有句成語說「行屍走肉」，就是指那些看似存在其實不存在的人。一些夢遊症的患者，清醒過來後往往不知道自己做了什麼。酒醉之人亦然，酒醒後便把先前所做所爲忘得一乾二淨。那你說這些人在夢遊、醉酒之時該算存在還是不存在？由

此可見，我們身體的存活，並不能保證我們能夠擁有一個完整的存在。完整的存在理當包括「身」與「心」這二而一的兩面。身體的存在比較容易確定，醫學可以回答這個問題。但心靈存在該如何確定？就像柏拉圖的洞穴比喻，一個人如果一輩子都生活在黑漆漆的洞穴裡，他要如何知道人的生活可以多麼陽光燦爛呢？同樣地，如果一個人處在一個封閉的環境中，所有的意義都由他所處的群體決定，個人只能人云亦云，被人牽著鼻子走，渾然不知這那封閉的世界之外還存有多麼豐富的可能性，那不就跟一輩子活在洞穴裡的人一樣嗎？

　　這個道理其實不難理解，只不過存在主義哲學家將它論證得很透澈。而在日常生活中，我們其實很容易就可以找到例子來說明這個基本的事實。

　　一個喜歡音樂的人會聽哪些歌曲？這可能性可多啦！古典音樂、爵士樂、搖滾樂、民謠歌曲、地方戲曲、日本演歌、印度音樂、黑人藍調、義大利歌劇……，在音樂的廣闊世界裡，有太多用不同的音樂語言，表達不同風格的音樂。一個有著開放心靈的愛樂者，可以自由地選擇他想要的音樂。這種自由選擇是有意義的，因為他有開闊的視野，知道如何找到適當的作品來呼應自己的音樂興趣。

　　可是，如果這個愛樂者從小住在一個偏遠地區，只能藉由一台小收音機接收鄰近地區僅有的一家地方電台所播放的音樂，那麼他對外面廣大的音樂世界會有怎樣的理解呢？如果有一天他擁有了一台可以盡收天下音樂的衛星收音機，他是不是會拋棄先前自以為很喜歡的東西，而在更健全的基礎上選擇他所要的音樂？

　　以上這個比喻如果落到存在主義上來談，我們可以說，不同的音樂就好像人生當中各種可能的意義，我們選擇我們要的音樂，就如同在各種不斷被發掘出來的意義中做抉擇。這些抉擇會一步步充滿我們的心靈，並且持續地在生命中發酵，改變我們對人生整體的看法。就這樣，當我們在這個層面上獲得飽滿內容，人生不單只是吃喝拉撒時，或許我

們才有資格認爲自己是一個有完整意義的存在。否則單憑一個血肉之
軀，人要如何確立人的獨特意義呢？沙特寫過一篇很有名的文章〈存在
主義即是人文主義〉❶，其中最主要的論點就是強調存在主義與人的抉
擇之間的關聯。可見所謂「存在」，並非一般所理解的那麼單純，人有
權利和義務彰顯它，讓人獲得眞正的自由。

第三節　存在先於本質

　　「存在先於本質」是一個很有意思的命題，也是存在主義一個很
核心的概念。這句話裡頭包含兩個概念：「存在」和「本質」。所謂
「存在」指的是一個比較樸素的意思，就像上一段所說「活著」這樣的
一個基本事實。而這個事實包含怎樣的特性呢？如果我們能夠描述出這
個事實的某些（或某個）特性，那麼這些（個）特性就是這個存在事實
的本質。譬如一輛法拉利跑車，它的特性是很能跑，那我們可以說「很
能跑」就是法拉利跑車的「本質」。如果有一輛法拉利只能跑出時速
三十公里的速度，它就不能叫做法拉利。在物質世界裡許多事物有它的
本質，像葡萄酒的本質是「用葡萄釀的」，用蘋果釀的酒就不能是葡萄
酒。飛機的本質就是要能飛，不能飛的就不能叫飛機。炒鍋就是可以拿
來炒菜，不能炒菜的就不能叫做炒鍋。大抵在物質世界當中，這些經由
人類所創造出來的事物都具有這一類可辨識的「本質」，也就是它們的
功能。這是因爲在人類發明創造它們之前，已經先在腦子裡想好它們所
必須具有的功能，所以這些物品帶有某種「本質」是理所當然的。但是
上帝創造的「人」，有這種本質嗎？這便是存在主義哲學家所要挑戰的
一個核心問題。

---

❶〈存在主義即是人文主義〉，鄭恆雄譯，收入陳鼓應編《存在主義》。

　　就西洋哲學史來看，對種對「本質」的認定和關切，可以說是源遠流長的一個哲學傳統，從蘇格拉底到柏拉圖到黑格爾，對某種普遍的、形上的「本質」，不但都予以肯定，而且還賦予了崇高的地位，認為其真實性高過於具體存在的個別事物。在這樣的思維底下，人會被認定其背後有一些本質性的東西，它可能是上帝心中的觀念，或者是一些先於萬物存在的原理原則，而這些特質是普遍的、永恆的、不變的。

　　關於這點，存在主義哲學家明確地表達否定的態度。沙特認為沒有所謂「先驗的、永恆的本質」這種東西。一個人一開始是一無所有，然後因著自己的選擇與行動，才逐漸變成某種東西。在〈存在主義即是人文主義〉一文中，他用畫家繪畫的過程說明這種狀態。沙特說，沒有人可以在畫家畫一幅畫之前，規定他必須畫什麼，因為並無所謂先天美學價值的存在。畫家憑他自己的情感、認知和意志作畫，在整個過程中逐步呈現畫家的藝術價值，他畫什麼就會將自己變成什麼，我們只有在他完成作品時才能判斷他的價值。

　　在沙特看來，倫理判斷也跟審美判斷一樣。我們不能先驗地決定什麼是應該做，什麼是不應該做的。只能經由自己的選擇與實踐來塑造自己。有一些被社會認為是先驗、絕對的道德原則，等事過境遷後，卻發現那樣的想法只不過是被洗腦的結果。譬如說，第二次世界大戰時台灣有很多年輕人被徵召到戰場，當時在日本軍國主義體制的宣傳下，這樣的行為被塑造成一種效忠天皇的無上光榮的行為，不少人以為為天皇犧牲是天經地義的事，毫不猶豫就奔赴戰場，等戰敗局勢改變之後，這才發現那裡頭有多少荒謬的成分！

　　所以依存在主義者的觀點來看，我們當然不是先天就已經被塑造好的（不是先天就要為天皇效命的），也不能經由別人之手來界定我們存在的本質，能塑造自己的唯有自己。以上述的例子來說，如果當時的一個年輕人可以跳脫他所身處的時代格局，自由地選擇要不要加入戰爭，那麼他會有好幾種存在的可能性。他有可能還是選擇投入戰爭（這

跟未經選擇而投入戰爭迥然不同，即便選擇的是相同的結果），為天皇捐軀，戰後成為一個被放進靖國神社的日本國烈士。也可能選擇拒服兵役，在台灣社會底層流浪多年才又重見天日，繼續過著正常生活的和平主義者。或者他認同當時的中國，選擇渡海到對岸加入中國共產黨，持續跟日本帝國作殊死對抗，成了一位抗日的民族英雄。這些選擇都可能，也的確在當時少數的人身上發生過（絕大多數的人並未經歷這樣的選擇過程），不同的選擇造就不同的人生，形成不同的存在本質，讓人變成自己所想要的樣子，這就是「存在先於本質」的積極意義。

這個命題非常重要，如果沒有意識到這一點，而讓一些對人的本質的描述卡在周遭，那我們對自己的未來所能決定的空間必定受到擠壓，這樣的人生肯定不會是快樂的人生！舉例來說，如果我們當今社會還奉行「男主外，女主內」這種對男女性別的描述，認定這是一個無從變更的「本質」，那一個女人打從出生開始，能有多少空間可以決定自己存在的內容呢？既然已經被判定為「女主內」，那外頭生活所需要的技能跟知識就全免啦！搞到後來連「女子無才便是德」這樣子的話都出來了。以前台灣人常形容女人的命好像油麻菜仔，飄到肥沃土壤就長得好，飄到貧瘠土地就長不好，隨風飄泊，好與壞就看她的命。這樣的狀況以存在主義者的觀點看來是很可悲的。西蒙・波娃寫過一本被早期女性主義者奉為經典的書《第二性》，其中也有類似的描述。波娃認為，女性不應該是被「塑造」（made）的，而應該是「變成」（becomes）的。什麼是「變成」？指的當然就是自己決定自己的那種人生的轉變，一種很存在主義式的人生態度。

從以上的例子我們可以明瞭為什麼存在主義者要將「存在」擺在「本質」的前面，說起來就是為了要爭取「存在」的詮釋權。這種「喪失詮釋權」的情境在不同的脈絡中會有不同的細節。剛剛提到的台灣女性處境，她們的詮釋權是喪失在父權中心的意識形態與制度中。而對丹麥哲學家齊克果而言，他感受到詮釋權的喪失則是因為某種哲學體系

（主要是指黑格爾哲學）的壓制。黑格爾哲學那種將理性無限上綱到無所不包的系統思想，把許多實存的體驗都化爲冷冰冰的邏輯，對一位新教虔信主義（protestant fideism）的信仰者而言，眞是情何以堪！從齊克果生命體驗的角度看，許多課題如：人與神的關係、不朽、愛情等等，是沒有辦法用黑格爾那種方式談的。他要的是一種內在的、主觀的、熱情飽滿的存在感受，而不是用理性去解釋實存界的一切。反絕對化的理性而重存在的體驗，這當然也是一種對於存在詮釋權的爭取。由此可見，「存在先於本質」這個論點的內涵，可能出現在各種狀態中，不論是有神論或無神論的脈絡都可能。我們說這個概念（存在先於本質）是存在主義最核心的概念應不爲過。

第四節 「主體性」的哲學

在「存在先於本質」這個概念下，存在主義必然會強調人的「主體性」。因爲既然存在先於本質，而且本質是開放的，唯有主體能賦予內容，那麼強調主體優位就是必然的論點。這在各種一意用理性方式追求客觀眞理的哲學學說當中，可說展現出十分獨特的個性。我們可以用音樂作曲的過程做類比，來瞭解存在主義者強調的主體性會引發出何種性格的哲學思考。

一位作曲家在作曲時，至少會碰到兩個層面的問題。一個是他內在的感情、思維，一個則是音樂的表現形式，作曲家必須將這二者做完美的結合，才能寫出美好的音樂，這是許多作曲家畢生追尋的目標。

就音樂的表現形式而言，一位受過完整音樂教育的作曲家可能對樂理和一些作曲法則（和聲法、對位法、管弦樂法……）瞭若指掌，但他有辦法在這些充滿理性成分的音樂理論當中，找到他心中完美的音樂嗎？不可能！絕對不可能！作曲家在寫曲子時，在這些樂理之外，他必

須低下頭去，好好感覺自我，深刻挖掘自我內在的感情與思緒，他知道
每位作曲家都是一個獨特的生命，不可能單憑普遍的、客觀的樂理就找
到能感動自己也感動別人的音樂，他必須將自己的「主體性」融入音樂
創作的過程中，才能成就真正的藝術。

　　藉由這個類比，我們或許可以瞭解，為什麼存在主義者會那麼強調
哲學中的主體性。因為那代表一種活生生的血肉之軀，裡面蘊含著每個
人的感情、價值、意志、記憶、渴望等等複雜而飽滿的生命體驗。存在
主義者認為這才是哲學要掌握的一方向，否則在一套龐大的哲學底下，
我們「人」跑到哪裡去了呢？而如果這樣的主體消失了，哲學對人還有
什麼意義呢？

　　這或許是存在主義在二十世紀風行一時的主要原因，因為它為每一
個人都爭取到自我做主的空間。把哲學的重心從客體移轉到主體，的確
是存在主義在哲學史中所呈現的一個重要意義。

　　這個從主體出發的角度改變了我們對意義的看法。因為「意義」
不再是一個只能被認同的東西，強調「主體性」之後的人，可以不認同
一些既定的意義，而另外創造同一件事物的新意義。譬如說，在中國的
傳統社會中，所謂「士農工商」的說法把商人放在四民之末，「萬般皆
下品，唯有讀書高」在很多人的腦中根深柢固。可是真的是這樣嗎？一
個年輕人可不可以不受這些意義的束縛，自由地選擇要讀書或務農，還
是當個「工匠達人」，或是經商？當然可以啊！事實證明，一個社會有
愈多這種想法的人，這個社會的發展就會愈多元化，因此而更加進步繁
榮。有些歷史學家在比較日本明治維新與中國清朝的自強運動時，就用
這個角度來解釋，為什麼日本的明治維新在「現代化」上發展得比較成
功，關鍵之一就是在於一個社會當中意義多元化的問題。日本社會因為
能騰出較多的空間供人做不同價值的選擇，所以各行各業比較能夠全面
性地發展。雖然日本的明治維新跟存在主義哲學沒有關係，但存在主義
強調主體性的態度，在這一點上是與這種演變相契合的。這或許能提供

大家另外一個視野，去觀察強調主體性的哲學所能造成的結果。

　　有人批評存在主義哲學所強調的主體性會造成一種「只看到自己」的封閉思維，或是因為太過於強調自我對意義的詮釋權，以致於落到一種「我說了才算」的地步，造成像「滿街都是聖人」那樣的虛無狀態，無法建構一個具有普遍性的真理架構。關於這點，沙特在〈存在主義即是人文主義〉一文中有所回應。他認為，儘管強調每個人的主體性思考，但是一個在思考當中發現自己的人，其實也發現了別人，並不會只封閉地在自己的腦子裡打轉。為什麼？因為除非你知道別人認為你如何，否則你無法獲得關於自己的事實。譬如，你知道你媽媽愛你，那你就獲得一個「我是一個被我媽媽愛的人」的事實，而如果你又知道張三討厭你，那你也因此獲得一個「我是一個被張三討厭的人」的事實。以此類推，你會藉由這些一個個別人對你的看法來建立自己的圖像。你可能會問，那萬一人家誤解我呢？其實誤解你也是一個「事實」，就看你怎麼回應這個「被誤解的事實」。總之，不管瞭解或誤解，這些都會影響你對自己的認知。但如果你住在荒島，四周只有空氣沒半個人，全世界沒有人認識你，那你就沒有機會可以擁有關於自己的「事實」，你只能思考你跟空氣的關係，整天想著空氣到底怎麼看待我。但這不會發生，因為人是社會動物，每個人都生活在某個社會脈絡當中，所以沙特說我們是生活在一個「相互主觀性」的世界中，「別人對我存在的知識」與「我對我本身的知識」一樣重要。在這世界中，人必須決定自己是什麼以及別人是什麼（所謂「決定別人是什麼」是指，你必須判斷如何回應別人對你的判斷。是同意還是不同意呢？還是另有選擇）。沙特便是用這種「相互主觀性」來回答一些人對「主體性」的質疑。看起來這個論點是頗有效的。

第五節　人的存在狀態

　　存在主義是一種現實感很強的哲學思想，它的一些概念都緊扣著現實生活的感受而發。也因此，呈現存在主義思維的作品，並非全都是哲學論文，而是有許多跟現實人生在形式上更貼近的小說和戲劇。像卡夫卡的《蛻變》、沙特的《嘔吐》、卡繆的《異鄉人》和《瘟疫》，都是淋漓盡致表達了存在主義哲學主題的文學作品。我們可以透過這些作品去理解存在主義哲學家到底在關心什麼。

　　首先我們來談談「疏離」。這個出現在卡夫卡小說《蛻變》中的主題可以分兩個層次來看，一個先天，一個後天。先天指的是如海德格所描述的人的「被拋性」：我們來到這個世界上，基本上是被拋到一個並非我們選擇的地方和情境之中，這個事實十分嚴厲而且令人感到孤獨不安。每個人打從被拋到這世界開始，若要生存下去，便必須以堅強的毅力對抗、超越這種疏離的狀況。所以就先天的層面而言，人從一開始就是疏離的。而就後天的層面來說，在進入了二十世紀之後，以工業科技為主導的當代社會，企圖用理性和各種技術工具解決所有的問題，人的溫度不再，結果讓我們因此跟周遭的事物形成一種冷冰冰的關係。世界的進步只巴望著有效的管理和物質發明，人的感覺變得沒有著落。雖然人在世界之中，卻又好像人與世界彼此互不相屬。卡夫卡深刻體會到這點，《蛻變》中的男主角一早起來發現自己變成一隻大甲蟲，無法與外界溝通，他陷入完全的孤寂當中，周遭的一切逐漸離他而去，他一步一步地走向死亡的界線。卡夫卡的這個原型意象刺痛了很多人的心靈深處，二十世紀的科技發展固然為人類帶來了不少生活的便利，但也助長了兩次世界大戰的慘烈戰況，把好好的世界打成了艾略特筆下的《荒原》。卡夫卡的敏銳心靈預先告知世人他所不願意見到的人類處境。疏

離！多麼令人悲傷的疏離！

　　存在主義哲學便是在這樣的背景中思索人要如何克服這種疏離的惶恐。其實不只疏離，依存在主義作品的描述，當代人類所面臨的情境還包括「嘔吐」、「荒謬」、「空無」、「焦慮」等等不同的內容。這些字眼看起來似乎略嫌誇張，但對照許多歷史的發展，卻又覺得這些說法所言不虛，背後都有沉重而眞實的感嘆。我們就再以卡繆的《異鄉人》爲例，看看他裡頭所談的「荒謬」概念，是如何眞實地在我們的現實情境中顯現。

　　《異鄉人》這篇小說的背景在北非的阿爾及利亞，那裡長期被法國殖民，也是卡繆出生和完成大學教育的地方，卡繆終其一生都對該地有深厚的感情，很多人認爲他從來沒有放棄對阿爾及利亞地中海生活方式的美好想像。阿爾及利亞的被殖民背景，如果以卡繆的哲學來看，其實就是一種荒謬。所謂「荒謬」簡單講就是沒道理，以「被殖民」這件事來說，一個國家（或地區）有什麼必然的理由非屬於另一個國家不可？爲什麼有一天來了法國人，原本住在阿爾及利亞的人就莫名其妙地變成法國人？在近代的殖民歷史中，這種情況屢見不鮮，包括台灣也有類似的歷史經驗。有一天清廷在《馬關條約》中將台灣割給日本，台灣從此就變成一個說日文、效忠日本天皇的日本國國民，這種「遭遇」仔細想想不是很沒道理嗎？當時一些台灣的年輕人，在一連串包括對日抗戰、國共內戰的戰爭中，從日軍的身分變成國民黨的國軍，再變成共產黨的解放軍，一變再變，到後來不要說是「爲誰而戰」這種大哉問，即便是「我是誰」這種基本問題都搞不清楚了。什麼是「荒謬」？這些無厘頭的遭遇就是典型的荒謬。

　　不只國家如此，個人也一樣。《異鄉人》的男主角莫梭被捲入槍殺案中，他有什麼理由要殺死那位阿拉伯人？沒有。他只是「遭遇」到那種情境，使得他拿起槍朝那傢伙開槍。他跟人家有仇嗎？沒有。可以從中獲取利益嗎？也沒有。那爲什麼要殺人？這莫梭居然說了一句：「都

是太陽惹的禍。」一切簡直無厘頭到了極點。這就是卡繆對於人類存在荒謬性的一個比喻。或許有人覺得這樣的故事太誇張（怎麼有人這樣胡亂殺人呢？），但我們如果把這故事跟上一段台籍日本兵（或解放軍）的經歷做個比較，大概也就比較能瞭解卡繆所說的這個故事吧？《異鄉人》的重點不在於主角莫梭的亂殺人，或是他面對母親死亡的冷漠，重點在於卡繆想解開一些對於「事件合理性」的僵化看法。在他看來，不要以為這世界上發生的事情都有它必然的合理性，事情往往是不按牌理出牌，荒謬得很呢！

卡繆在第二次世界大戰時跟沙特都投入對抗納粹德國的行動中，基本上，法國跟納粹德國的「遭遇」也是一種荒謬。這時候便出現了一個問題：遇上荒謬時，我們要做些什麼？答案是「反抗」。對「荒謬」的反抗，主要意義在於重新定義自己的存在。因為既然我們面對一個荒謬沒道理的世界，那我們反而因為不必把這其中的一切當真（當你處在一個荒謬情境之中時，有必要遵守其中的規矩嗎？），而變成是自由的。這一來便回到「存在先於本質」的命題：我們自由地面對一個開放的「本質」，藉由反抗行動對這本質的內容負起責任。

國家的處境跟個人一樣，個人不藉由反抗，就無法在荒謬的情境下界定自己。國家何嘗不是？法國人不反抗希特勒，那法國人就會荒謬地變成德國人，變成德國人或許也沒什麼不好，但是一個國家的內涵不是應該由這個國家的人民自己決定嗎？怎麼可以讓別人替你決定呢？

至此，我們可以理解卡繆對「荒謬」的描述並不是將它當成一個只能消極接受的人類情境。依照卡繆的思路，我們必須對我們所處情境的荒謬性有透澈的瞭解，知道所有事情並不是如表面所顯示的那麼理所當然，只要深入體會，就會發現其中眾多的矛盾衝突，這樣才可能挺身而出，不理會這荒謬的一切，用自己的方式界定自己的人生。想想，從希臘到中古世紀，不管人們寄託的是大自然的宇宙還是主耶穌基督的王國，大家總認為那是一個和諧圓滿的世界，值得追隨。但卡繆告訴你不

是，他告訴你這世界是荒謬的，我們不需要也沒辦法從中找到歸屬。因此，從這個觀點看，人自由了，可不是嗎？既然我們原本以為可以賴以生存的世界不是那麼的值得我們信賴、遵循，那就一切歸零，人不要再依賴自身之外的法則，讓自己創造自己的宇宙吧！

第六節　上帝之死

　　說起來，上帝在二十世紀還真倒霉，沒事被幾個哲學家宣布死亡好幾次。到底什麼是「上帝死了」的涵義呢？「上帝死了」是不是就像杜斯妥也夫斯基小說《卡拉馬助夫兄弟們》裡頭伊凡所說的「如果上帝不存在，則任何事情都被允許」呢？尼采也常被引述他「上帝死了」的說法，到底尼采要說的是什麼？或許我們要用上述存在主義的角度來看，才會有比較有意義的解讀。

　　其實「上帝死了」正是存在主義者思考的起點，哲學家從這裡展開以人為主體的思考，非常「現世」地建立自己世界觀，而非依附於一個在天上的父。所以「上帝死了」這句話的重點並不是說上帝死了，沒有最後審判了，一切就可以為所欲為。這句話沒那麼虛無，它有破有立，說起來是很有存在主義哲學的精神。

　　呂克‧費希對尼采思想的中心論點有一段很精闢的詮釋，他認為尼采主張：「再也沒有任何事物位於生命的現實之外，無論是高於它或低於它，無論在天上或在地獄；一切政治、道德以及宗教的所謂理想，都只不過是『偶像』、形而上的矯飾、虛構，目標僅在逃避生命，最後再回過頭來對抗它。當人以理想之名來論斷現實時，做法就是如此，彷彿這理想是超驗的、外在於現實的，殊不知一切的一切，毫無例外全然是

現實所本有」❷。說起來這才是「上帝死了」這個概念的精義，也就是我們把自身存在的根源，從天空拉到眼前的現實。這一拉不得了，一個下凡的動作便把我們這些凡夫俗子內在各種真實的感受都激發出來，不必讓遙遠的理想否定我們的現實。能從這樣的起點出發，所建立起來的哲學充滿人味是可想而知的。

那如果上帝沒死呢？上帝沒死的話，人是否還可以是一個保有主體性的存在主義者呢？這是一個蠻有趣的問題。其實存在主義哲學家當中固然有像沙特那樣的無神論者，但是同樣關懷人的存在問題的哲學家如馬塞爾、雅斯培，可都是不折不扣的有神論者，那麼在上帝跟自我抉擇之間有沒有衝突呢？

我們可以用以下的角度來思考這個問題。

當存在主義哲學家用「存在先於本質」的概念指出人的思考方向時，固然在一方面因為強調人的主體性而形成「上帝已死」的思維模式，讓個人全然擔負起關於自己未來的責任與義務，與上帝無關。但在另一方面，「存在先於本質」的前提卻也可以引導出自己對上帝開放的態度。這種態度代表的是：肯定永恆上帝的存在，並開放自我，隨時接受來自祂的訊息。這即是馬塞爾所說的「可滲透性」（permeable），讓上帝滲透進來，我們得以在與祂的互動之間感受、反思我們存在的經驗。在有神論者看來，「存在」是一種從有限到無限的整體經驗，真的去感受人生種種體驗時，便會發現，存在的需要是指向一個絕對和無限的領域。

至此我們可以理解，並不是非把人跟上帝之間的路封掉，我們才有機會遂行主體的思索。把那條路打開，我們一樣可以在互動的情況下擁有甚至更寬闊的主體視野。對有神論者甚至神秘主義者，這種對話、辯證的模式都是幫助他們掌握自身存在經驗的方法，有神論和無神論似乎在存在主義身上找到了交集。

---

❷呂克‧費希，《給青年的幸福人生書》，頁170。

第九章

人人需要邏輯

哲學與人生

 第一節　邏輯與現代生活

　　「邏輯」這門學問常讓許多人覺得又冷又硬，好像成天就只會在一堆規則中打轉，彷彿是一種沒有體溫的知識，讓人望而生畏，難以親近。為什麼會有這樣的印象？說起來這一點也不奇怪，因為邏輯是研究正確思維方式的學科，它討論的是推論形式的真偽，有效或無效，並不必然涉及內容的真假，是獨立（不帶感情）的一個知識領域，是用來檢視其他知識內容的工具。這也就難怪它會讓人家覺得簡直就跟數學一樣，抽象到失去了經驗面的實質感受，冷冷冰冰的。

　　但這樣的一門學問，卻對我們日常生活中的許多討論有很大的幫助。就這點而言，邏輯跟我們之間，雖然有人覺得遠在天邊，但事實上卻是近在眼前，只不過一般人沒注意到罷了。

　　舉個例子來說。假設有一天張三回到他家門口時，發現地上濕濕的，他腦裡可能閃過一個想法：「如果剛剛下了雨，那地上一定會濕，現在我看到地上濕濕的，可見剛剛一定下過雨。」但這顯然是錯的，因為會讓地濕的可能原因不只一個，下雨、有人潑水、水管破裂滲透……都有可能。他無法從「若下雨則地濕」這個前提，推論到「若地濕則下雨」這個結論。倒是可以反過來，他可以從「若下雨則地濕」這個前提，推論出「若地沒濕則天沒下雨」這個結論。

　　上面說的這個推論可以用公式表達：「若P則Q」可以推論至「若～Q則～P」（意即「若非Q則非P」），但無法推論至「若Q則P」。依據這個規則，如果有人從「若景氣不好，則失業率高」這個前提導出「若失業率高，則一定景氣不好」的結論，那他的推論合不合邏輯呢？答案顯然是否定的。我們可以以此類推，去檢驗社會上許多言論的有效性。

　　但一個在邏輯推論上「有效」的論述是否就一定合乎事實呢？其實未必。事實上，邏輯是用來檢驗我們思維形式的方法，它並不涉及事實內容的真假。一個不符事實的前提，可以在合乎邏輯法則的情況下，推論出不符合事實的結論。譬如在一個三段論中，我們可以從「凡是狗都會飛」（大前提），「喬利是一條狗」（小前提），推論出一個結論：「所以喬利會飛」。這是一個有效的三段論，但顯然不符合事實，因為它的大前提「凡是狗都會飛」是錯的，所以即使推論的形式無誤，仍然無法讓人得到正確的知識。

　　這一點提醒我們，社會上有許多講到嘴角冒泡的言辭，可能前提就是唬人的。前提不對（或無法證明），推論的形式再怎麼合邏輯都沒有用。像一些健康食品的廣告告訴消費者，A對肝臟很好，而B擁有非常多A的成分，所以B對肝臟很好，請趕快買他們家賣的健康食品B吧！問題是，誰來證明「A對肝臟很好」這個前提呢？

　　日常生活中可以看到的邏輯謬誤多得不勝枚舉，都是一些思維形式不周全的推論，我們可以再舉幾個例子看看。

　　二○○九年政府決定全民施打流感疫苗，卻碰到一些困難，其中一個很大的阻礙因素是不少國人對於國產疫苗的信心不足。當時民眾可以選擇的疫苗，除了國產國光疫苗之外，尚可選擇法國進口的疫苗，有一部分的民眾做了這樣的選擇，理由很簡單，就是認為國產疫苗不好，出問題的機率大。這樣的思維是不是很有問題？姑且不論國產疫苗是否真的不好，基本上，「國產疫苗好或不好」跟「法國疫苗好或不好」是沒有關聯的，我們要如何從不相關的證據中推出一個可信的結論呢？但很多人就是理所當然這樣想或這樣做，這顯然是一種邏輯謬誤。

　　又譬如，二○○四年的總統大選和二○一○年的五都選舉，藍綠雙方分別為了兩顆子彈和一顆子彈吵得不可開交，他們各自認為自己的選情因為這兩顆和一顆子彈而受到不利的影響，甚至因此翻盤，原本應

該贏的卻輸了❶。問題是，在那麼大規模的一個投票行為中，可能牽動選情的因素不知道有多少，而且每一個因素所造成影響的程度也很難一廂情願地去估算，我們要如何證明兩顆子彈或一顆子彈確實有翻盤的效果呢？許多有選舉經驗的人，往往感慨「選舉無師傅」，意思是沒有人能確切掌握選舉過程中所有的變數。想想，那麼多人投票，每個人在投票前的可能變化不知有多少，而且人人都不一樣。從外頭天氣的陰晴不定，到個人情緒的起伏跌宕，有哪一位所謂的「專家」真算得準呢？殊不知若要確定「兩顆子彈造成翻盤」，要經過怎樣的論證過程？他至少必須確定「原先輸贏的結果與後來的事實相反」、「有人因為兩顆子彈而改變了投票意向」、「投票意向是往有利於己方的方向改變」、「這些改變意向的投票人數量多到足已翻盤」等等判斷。但事實卻是，這其中的每一個判斷都無法得到有利的證明。在這種論證過程舉步維艱的情況下，若說能得到「翻盤」的結論，恐怕只能歸類為情感上的想像與期待，在邏輯推演上是不能當真的。「兩顆子彈」如此，「一顆子彈」也一樣，通通是在論證過度簡化的情況下所形成的觀點。我們的社會對許多政治性議題常有「信者恆信，不信者恆不信」的情形出現，就是因為彼此都不能反思自己的推論在邏輯上是否有缺失，而以直覺代替推論，當然就難怪大家會吵成一團了。

　　的確，如果我們認真地觀察、思考周遭的各種言論，會發現各種不同的論證缺失，除了上述「從不相關的證據得出結論」和「過度簡化」之外，其他像錯誤的類比、以偏概全、轉移話題、非此即彼的二分法前提等，在生活中都很常見。看起來，邏輯這門學問還真值得大家多予注意，或可減少大家在論辯時打爛仗的情形出現。

---

❶兩件事均發生在投票前夕。「兩顆子彈」指陳水扁總統於掃街拜票時腹部遭子彈劃過一事，「一顆子彈」指連勝文頭部遭槍擊之事。許多人認為這兩件意外影響了當時的選舉結果。

說來有趣，寫出《愛麗絲夢遊仙境》這本充滿想像力的小說作者路易斯‧卡洛爾，本身是一位邏輯的愛好者。他除了《愛麗絲夢遊仙境》這本小說之外，還寫過一部兩卷的著作，叫做《符號邏輯》。從表面上看，「愛麗絲掉到兔子洞中，因此撞見一堆有著奇異行徑的動物」這樣的情節，好像脫離現實，不合情理，但仔細讀下去，卻發現裡頭故事的進行有許多作者運用邏輯推演的巧妙安排，又十分具有現實的體質。這就像金庸的武俠小說風靡華人世界，為什麼一個虛構的、壓根兒不存在的武俠世界，卻對廣大的讀者有那麼大的說服力呢？其中一個主要的原因，就是金庸在小說裡所鋪陳的情節，不論是關於愛情、友情、親情，或是背叛、忠誠、堅貞等等各種人類的情愫，都能有合情合理的安排，合乎讀者在現實中所運用的邏輯法則，這樣的作品自然會有強大的說服力。說起來，在現實與虛構之間，邏輯還真是扮演了一個微妙的角色。

第二節　邏輯思維照亮現實

我們可以從一個角度去看邏輯與現實關係。邏輯像一盞燈，它照亮哪裡，我們就可以看清楚哪裡的現實。因為邏輯關乎我們的思維法則，這些法則對應著我們外在的現實，思維法則有多細膩，我們看到的現實就有多細膩。舉例來說，一個五歲孩童腦裡關於「人」的邏輯分類，可能只有好人與壞人之分，因此我們可以說，這個孩子對於人的觀念大抵上是粗糙的。等他年歲漸長，經過一些人事歷練之後，他逐漸知道，人的好壞並不像他以前所認知的那樣二分，一個人可能有一部分是好的、善良的，卻有一些作為是壞的、可議的。甚至有一天他發現，一個眾人眼中萬惡不赦的歹徒，在面對自己的母親時，卻流露出自然的善良人性。這時他開始調整腦海中對於人的分類，好壞之間不再截然劃分，從此他對人性的看法變得更加細膩。

　　同理，我們可以利用對自身思維法則的檢視，來建立一個更精密的世界視野。亞里斯多德當年在《範疇論》中對事物的分類，到了康德時已有大幅的修正，他們看到的世界是否一樣呢？

　　亞里斯多德試圖利用範疇分類的方式來掌握實質的存在，這是一種怎樣的想法呢？這想法其實跟上一段所說小孩對「好人、壞人」的區分，道理是一樣的。譬如說，一個國小有六個年級，我們可以用「年級」的範疇來分類，將全校分成一年級、二年級、三年級、四年級、五年級、六年級等六大「範疇」，這六個範疇合起來就是一整個學校。而如果有人覺得這樣的分類太粗糙，那他可以再進一步用「性別」來分類。這一來，先前六個年級的學生就會再分成一年級男生、一年級女生、二年級男生、二年級女生等等。以此類推，同樣一年級的男生還可以再用「體型」的範疇，分成「高大的一年級男生」和「瘦小的一年級男生」等等。範疇分類不同，自然會「看」到不同樣貌的現實。如果有人將分類的內容延伸到心理層面，那他將會認識到像「害羞的一年級男生」和「開朗的一年級女生」這樣的現實。由此可知，範疇分類與現實的「被呈現」之間，有十分密切的關係。不同的分類會呈現出不同的現實。

　　亞里斯多德並非第一個做這種分類的哲學家。在他之前，畢達哥拉斯學派跟柏拉圖都做過同樣的事。畢達哥拉斯學派用對立性的概念，確立出像「有限、無限」、「奇、偶」、「一、多」、「男、女」、「動、靜」、「直、曲」、「明、暗」、「善、惡」等分類。柏拉圖也曾舉出有「有」、「同」、「異」、「變化」、「持續」等等他認為是最高的概念。而亞里斯多德則在《範疇論》與《題論》列舉實體、分量、性質、關係、場所、時間、位置、狀態、動作、被動等十個範疇，他認為這十個範疇已經足夠網羅存在的一切。譬如說，一隻天鵝（實體），高達三尺（分量），全身純白（性質），是另外一隻天鵝的兄弟（關係），今天上午（時間），牠在池塘（地點），戲水（動作），卻

被獵人射死了（被動）❷。從這例子可以看到亞里斯多德從範疇分類的角度所看到的現實。

亞里斯多德的分類在哲學史上當然不是定於一尊的說法。他的理論陸續面臨各種不同的挑戰。康德就以十二個範疇之說取代了亞里斯多德的分類，甚至以「純粹悟性概念」修正了亞里斯多德範疇的意涵。他認為範疇不應涉及現實存在者的內在本質規定，只能是我們腦子裡悟性的形式。而在康德之後，從費希特到黑格爾，乃至於二十世紀的邏輯實證論，對亞里斯多德的邏輯也都各有立場，不論是贊成或反對或修正，亞里斯多德的影響都十分巨大且具開創性。他的工作連結了人的思想與其所處的現實，從邏輯的角度看，這個世界既不唯心也不唯物，而恰好就是心（邏輯）物（現實）互動之後的產物。

說起來，各種語言的文法與語法，本身就是一套邏輯。拿名詞來說，中文的名詞沒有陰性陽性之分，法文的名詞分陰性陽性，德文名詞更在陰性陽性之外，再加一個中性。以動詞的時態來看，中文的動詞本身並無時態的變化，必須靠表示時間的副詞來確認，英文的時態就有一大堆，法文更多，許多學法文的外國學生常被法文的動詞變化搞得昏頭轉向，苦不堪言。但沒辦法，這就是他們透過語言去看世界的方式。也難怪海德格要說語言是一棟房子，講法語就住在法語的房子，講俄語就住在俄語的房子。要從這棟房子走到另一棟房子，還真需要花點力氣，想自動轉換是不可能的。這個例子是不是也印證了邏輯與現實之間的關係呢？

既然如此，就像俗話說什麼樣的人唱什麼樣的歌，那麼，有什麼樣邏輯的人就會看到什麼樣的世界，這是不是會讓我們因此覺得邏輯在現代生活當中非常重要呢？當今的民主社會常強調多元，強調不同意見之間的溝通，那大家是否必須對思維法則有一致的看法？否則一場球賽兩

---

❷傅偉勳，《西洋哲學史》，頁122，三民書局。

種規則，比賽還比得下去嗎？當今台灣言論自由，大家都可以就不同的主題抒發己見，但這並不表示我們已經擁有成熟的公共論壇：一個可以讓雙方或多方的意見，在大家遵守邏輯法則的情況下，充分討論問題的空間。這樣的公共論壇，可能出現在媒體，可能出現在學術界，也可能出現在民間基金會的研討會，甚至出現在某家以此知名的咖啡館（一如當年沙特和他的對話夥伴喜歡聚集的「花神」咖啡館）。場域不重要，重要的是討論時重視邏輯規範的那種文化氛圍。就像大家在捷運車站裡走上自動扶梯時，都會很有默契地靠右邊站，以便騰出左邊，讓趕時間的人可以大步快走。我們的社會也應該有一個大家都能認同的討論文化，有道理有依據才講，沒道理沒依據就閉嘴。而不是我們現在在許多名嘴充斥的節目中所看到或聽到的，充滿一堆不合邏輯、混淆視聽、以大聲取勝的言論。台灣的學校教育如果能讓學生從在校期間開始，便培養優質討論的好習慣，目前這種讓許多人搖頭的大眾傳播亂象或許能有所改善。

第三節　一個因果，兩種態度

　　科學研究致力於探討萬事萬物的原因，就像坊間《十萬個爲什麼》這類書籍裡所呈現的，科學家們對於宇宙中的各種現象，都希望能夠提出合理的解釋，讓它是可以理解的。雖然這個目的在目前尚未能全面達成，這世界還是有太多事情無法解釋，這種「不知道」的事情從日常生活到外太空都有（我們完全瞭解我們低下頭便看得到的那個肚臍眼了嗎？我們已經知道宇宙有多大，一望無際的星空中總共有多少顆星星了嗎？），但即便如此，科學家還是在「萬事萬物是可以理解的」的前提下，繼續鍥而不捨地鑽研，期望能加大加深人類知識的領域。

　　近年來常被提及的「蝴蝶效應」說法，也是在這樣的前提下延伸

出來的思考方向：一些可能被一般人認為「沒有原因」的現象，在「蝴蝶效應」的思考架構底下（它的意涵在於強調，「一隻蝴蝶在北京上空拍了一下翅膀」，跟「十年後紐約受到一場暴風雪的侵襲」這兩件事情之間並不是如許多人所想像的那樣風馬牛不相及，而是有千絲萬縷的牽連），不會被貿然地定案歸檔，而是會有持續不斷地探討研究。我們可以想見，在這種基本態度的引領之下，一個科學工作者會如何以熱烈的求知心態面對人生。傅斯年說過「上窮碧落下黃泉，動手動腳找東西」，這句話大致可以描繪科學這種追求因果關聯的態度。

　　同樣講因果，佛教卻處在全然不同的心態上。佛教講因果是為了要點出「性空」，所謂「緣起性空」，照牟宗三的說法，「緣起」就是「性空」，這是一個無法增添新內容的分析命題，兩個概念指的是同一件事。這意思是說，當我們明瞭萬事萬物皆因因緣而起的同時，也應該悟到萬事萬物底下當然空空如也，沒有什麼本質的東西。因緣一聚集，事物就出現，因緣一消散，事物便不見，來來去去皆是因緣所致，沒有什麼可供我們理解的本質。所以牟宗三說：「科學中的自然法則、自然因果之作為法則，是為了要使自然現象可理解、可說明；而『緣起性空』是由『空』來看因果律，正是要說明世界不可理解。」❸沒有本質（性空），當然就不可理解，所以佛經常用「如幻、如化、如夢所見」這樣的語言形容世界，佛教講因果的路數是與科學大不相同的。

　　一般而言，影響中國人行為處世最大的三種思想是儒釋道。這三種思想面對人生的態度也各不相同。當儒家以積極任事的精神，逐步從個人到天下，為建立心中的理想世界而努力時，道家的老莊卻好整以暇地以超越現實的眼界，或看到現實的反面，或體會到現實之外的價值，而描述出一個有別於儒家的人生逍遙風景。然後我們在儒道之外，又看到佛教以深沉的智慧穿透事物表象，直搗問題核心，以「空」的表述拆解

❸ 牟宗三，《中國哲學十九講》，第十三講，學生書局。

萬事萬物，讓人不再執著於如夢似幻的花花世界。三家論述皆有可觀，每人才性不同，對於儒釋道說法自然親疏有別，各取所需。「緣起性空」談因論果，卻跟同樣致力於因果研究的科學工作面對了不一樣的人生，哲學之妙，或可略見端倪。

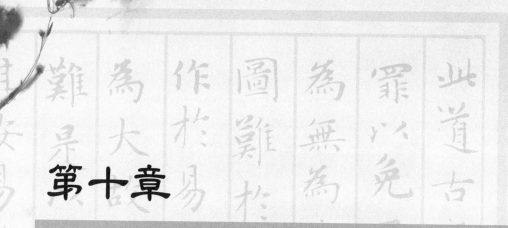

第十章

蘇格拉底哲學的啟示

第一節　蘇格拉底的哲學方法

　　希臘哲學是西方文明的一個重要源頭，很多當代討論的問題，都可以在那裡找到問題的原型。而在所謂的希臘三大哲學家當中，又以蘇格拉底居首，柏拉圖和亞里斯多德算是他的徒子徒孫，其重要性可想而知。但是後代對這位大哲人的瞭解並不多，大多依據齊諾芬、柏拉圖與亞里斯多德著作中的資料，許多細節未必準確。柏拉圖在《對話錄》中所呈現的蘇格拉底，究竟是真實的蘇格拉底，還是理想化的蘇格拉底，甚至是「柏拉圖化」的蘇格拉底？學術上仍有許多爭議❶。在哲學史上，他可以說是個既模糊又清晰的身影，我們該怎麼看待他呢？

　　說起來，蘇格拉底最能啓發後人的就是他對知識的態度，也就是一種承認自己無知的「無知之知」的求知方法，他認爲承認自己的無知才是知的起點，關於這點有一個「德爾斐神諭」的故事可供大家從中體會「無知」的精微意涵❷。

　　話說當時雅典有個很仰慕蘇格拉底的年輕人叫凱利，他有一天在德爾斐神殿得到一個神殿女巫所傳的神諭，告訴他蘇格拉底是世界上最有智慧的人。蘇格拉底聽到這個神諭之後非常訝異，心想怎麼可能？我怎麼會是世上最有智慧的人？神這樣表示，祂眞正的意思是什麼呢？於是他遍訪雅典的社會賢達，請教他們這神諭到底是什麼意思？結果他發現大家都跟他一樣「莫宰羊」，都是無知的知識分子。既然如此，爲什麼神諭會說他是最有智慧的人呢？過了一陣子之後，蘇格拉底終於想通了，因爲他是這一群無知的人當中唯一承認自己無知的人，神因此認爲

---

❶傅偉勳，《西洋哲學史》，頁67，三民書局。
❷傅偉勳，《西洋哲學史》，頁69，三民書局。

他最有智慧，就這麼簡單。

這是哲學史當中十分發人深省的故事。人類到底能夠知道些什麼呢？《莊子‧養生主》裡說：「吾生也有涯，而知也無涯，以有涯隨無涯，殆矣。」這句話在爲「知識」這件事描繪了一個無限疆域的同時，其實也呼應了蘇格拉底「無知之知」的說法。人畢竟是渺小的、有限的，打個比方，在人的眼中，一隻螞蟻能知道多少事情？牠能理解以色列跟巴勒斯坦的恩怨情仇嗎？牠能體會梵谷畫作之美嗎？螞蟻做不到這點，但是人類也別太得意，在上帝（不論你怎麼稱呼，「道」也好，「天」也罷）眼中，人豈不就跟那隻渺小的螞蟻一樣，對宇宙中的種種事情能知道多少呢？捷克小說家昆德拉曾引述一句猶太人的諺語：「人們一思索，上帝就發笑」，可不是嗎？一個人只要有自知之明，就應該可以從這樣的類比關係當中察覺到，自己跟「無限」相較之下，知識水平幾近於零。阿根廷小說家波赫士曾經說，人在某一事物裡頭浸泡得夠深夠久，很難不成爲某種意義的神秘主義者❸。所謂神秘其實是相對於我們的無知而言，其中的邏輯如下：浸泡愈久，理解愈多，理解愈多，愈覺得不懂，愈覺得不懂，便愈覺得神秘。想想，這時的「無知」豈不是一種「知」的表現嗎？

反過來講，有些人剛開始接觸某件事，沒兩三下便覺得自己全都懂了。爲什麼會這樣呢？因爲他以爲那件事裡頭的學問就那麼一丁點大，弄懂了就以爲全懂了。譬如說，有個人以爲全部的英文單字就他課本上那一千個，當他認得其中的八百個時，他覺得差不多了，當他一千個全認得時，他會覺得自己的英文已臻化境，跟美國人沒兩樣。重點是他壓根兒還沒見過美國人、跟美國人講過話、讀過美國報紙，一但他逐漸有這些經驗，他就會發現他的英文還差很遠。接下來他會慢慢知道英文單字不是只有他知道的那一千個，而是一萬個、十萬個、百萬個……有遠

---

❸唐諾，《在咖啡館遇見十四個作家》，聯經出版社。

超乎他想像的那麼多。這時候如果再回頭看最原初認得的那一千個，難道不會覺得其實自己蠻無知的嗎？

所以承認自己無知正是知的開始。大家的眼睛都忙著看別人，卻忘了低下頭來看自己。卡爾波普（Karl Popper）說的「否證性」用一個有別於傳統的方式描述「真實」：「一個對的論點就是：在它尚未被證明是錯的之前，它是對的。」這個說法跟「無知之知」異曲同工之處在於：兩者都隨時保持一種準備否定自己的狀態，能自我否定，表示自己沒有僵化，沒有把自己變成一顆頑固堅硬的石頭，這才能為自己開啟接收知識的最大可能。

蘇格拉底用這個原則在雅典街頭與人辯論，他的方式非常理性，在開放、不設前提的情況下，跟別人討論各種不同主題，譬如勇敢、快樂、幸福等等概念。這些概念在未談論之前，對方可能認為自己很懂，可是在經過一連串的問與答之後，發現其中有許多環節並不如原先所想的那麼理所當然，逼問到後來，他可能承認自己對這問題一無所知（譬如「什麼是快樂？」），至此往往可以另起爐灶，用一個嶄新的角度探討問題，而開啟了探討問題的新契機。哲學史家認為蘇格拉底的這種討論方法受到齊諾辯證術的影響，在二者的對話過程中，藉由不斷地思考、修正，逐步呈現具有普遍性的真實狀態。

這個模式重要的關鍵在於兩人之間的對話，就像拳擊選手練習時需要有一個人陪練，藉以看出選手的缺失。同樣地，一個人的思考容易流於主觀，陷入盲點，很難達到普遍性的要求，兩個人的對話則可以持續地且創造性地深化課題，把原本沒想過的東西逼出來。蘇格拉底將自己比為思想上的助產士，他的方式堪稱為一種「助產術」。亞里斯多德認為蘇格拉底方法在「歸納」與「定義」這兩部分卓有貢獻，應該是很中肯的看法。

想想，當今社會許多爭論的議題會落到各說各話、雞同鴨講的地步，可以說就是因為大家都不能對「承認無知」這件事有深刻的體會，

人人師心自用，都以自己的心爲老師，自以爲是，這種情況底下，怎麼可能產生建設性的對話呢？看來，蘇格拉底這「無知之知」的態度是應該大力宣揚一番了。

 ## 第二節　一種比較好的哲學態度

「哲學」（philosophy）一詞的原義是「愛智」，也就是熱愛智慧的意思。既然如此，那麼我們在思考、探討各種哲學問題時，是不是應該有一個比較好的態度，來幫助我們獲得比較好的思考品質？而不致於有莊子〈齊物論〉裡所說「故有儒墨之是非，以是其所非，而非其所是」的情形。〈齊物論〉這句話說起來是人類的通病，大家都站在自己的位置上理解世界，反正人的眼睛只能往前看，站在東邊就看見西邊，站在西邊就看到東邊，兩人看到的景色不同，卻各自以爲自己看到的才是眞實，別人看到的不算。「是其所非，非其所是」指的就是這個。所以莊子會說「道隱於小成」，「小成」是說你完成了某種論述，但因爲人的有限性，這種「小成」知識只會呈現局部的、片面的事實。你如果不明瞭這點，以爲這樣的「小成」已是全面、絕對的眞實知識，那眞正的「道」就會隱而不現，「道隱於小成」點出了人類很容易犯的錯誤。

這種情形在許多層面的事情上都看得到。從政治判斷到道德判斷、美學判斷都會遇見。就以國內政壇爲例，相信很多人對於藍綠對決的爭議感到不耐，說穿了，這樣的爭吵不就是「是其所非，非其所是」嗎？爭吵的兩邊乍看之下是對立者，可仔細想想，兩邊骨子裡其實是同一種人，只不過各自站在不同的講台發言罷了，哪有所謂眞理站在哪一邊的問題呢？另外一些涉及價值判斷的事情，像哪家牛肉麵比較好吃？哪個帥哥美女比較漂亮？哪篇文章寫得比較好等等，多少都有各自「是其所非，非其所是」的情形，只是爭辯的當事人自己沒感覺。這些問題其實

都不可能有標準答案，偏偏就有人打從心裡認定自己的答案才是標準答案。這樣的態度會是研討哲學時的良好態度嗎？答案應該是否定的。

那我們應該用怎樣的態度來面對這種狀況呢？這裡提供卡爾波普的「否證論」（falsificationism）概念，或許能幫助我們在面對這樣的問題時，保持一個比較好的哲學探探討態度。

「否證論」是卡爾波普用在科學哲學上的一種方法，它認為科學進步的原則，就是在於不斷否證，不斷修正以往的理論。也就是說，科學的增長，包括真理的探求，不是經由證據的累積，而是經由一連串的探索歷程，包括設定問題、提出暫時的解決方案（也就是提出臆測性解答）、錯誤排除等一再循環的步驟所造成❹。

我們在這樣的方法中看到一種動態的知識存在狀態。從這角度看，知識的進展是一種達爾文式的演化，今天的「確認」是明天「否認」的基礎，只要前面確認的被否認掉，知識便又往前邁進了一步。這是一個永恆的過程，人類知識以這樣的方式不斷地演進，不斷地向前推動。因此，不應該有一個定於一尊，或定於某個定點，不再改變的知識結論，若有，那就是偽科學。卡爾波普因此提出，科學與偽科學（以及形上學）的劃分標準就是「可否證性」（falsifiability）：一個論點必須是能夠被否證的，否則沒有科學（真理）上的意義。

這表示什麼？這表示我們不要把自己所擁有的知識當成顛撲不破的真理。在上述「可否證性」的前提下，我們甚至可以重新給「對的知識」一個定義：在還沒有被證明為「錯」之前，我們所知道的這個知識是對的，而且它具有被否證的潛質，隨時都可能被新興的理解取代。

歷史上我們可以看到許多這樣的例子。譬如說，哥白尼之前，大家在托勒密的天文體系中認為太陽繞著地球轉，地球是宇宙的中心。但隨著觀測技術的進步，哥白尼發現那個不動的中心點應該是太陽，而非地

---

❹《劍橋哲學辭典》，頁966，貓頭鷹出版社。

球。他寫了一本《天體運行論》闡述了這樣的觀點，卻因爲怕得罪當時的教會而拖到臨死前才出版。這個新學說的提出對歐洲人影響很大，不僅改變了當時人們的宇宙觀，也動搖了整個宗教神學的基礎，可說深具意義。

那這樣說來，哥白尼之前的托勒密天文體系就毫無意義了嗎？倒也不是這樣。托勒密的系統在當時就是「對」的，這沒問題，而且當時的人在這樣的宇宙觀底下也活得好好的，畢竟人很難超越其所處的時代限制，從後代看前代，下判斷時要有一些同理心的考量。但依照卡爾波普的觀點，這個「對」之所以對，是因爲它還沒被證明是錯的。等到哥白尼證明了它的錯之後，它就從「對」變成「錯」的了。可是話說回來，修正了托勒密的哥白尼「日心說」（太陽爲不動的恆星）就永遠是對的嗎？當然不可能。哥白尼的學說若不想只是一個僞科學，它就必須要具有「否證性」，隨時等待新的理論來替代。事實上，在哥白尼之後不久，就有一個義大利的教士布魯諾（Giordano Bruno, 1548-1600）對天文系統的解釋比哥白尼更勁爆（但也更接近現代的天文知識），他將哥白尼的系統往外擴張，主張無限宇宙論，認爲太陽是眾多恆星之一，地球則是眾多行星之一。這種說法嚴重違反了當時教會對《聖經》的解釋，他因此被判火刑，一六〇〇年在羅馬被燒死。雖然如此，但畢竟他在天文學研究的道路上是將知識往前推的。

以這段歷史爲例，我們可以看出知識的演進的確必須透過後之來者不斷地修正方能竟其功。有了這樣的視野後，我們比較不會墮入獨斷的困境，心理上能夠隨時有被修正的準備，如此一來，也就不會強硬地主張自己才是對的。試想，這種保有彈性的態度，是不是一種比較好的哲學態度呢？

從以上的討論，可以引出一個對「全稱命題」的觀點，這也跟我們所談的哲學態度有關。所謂「全稱命題」是指一種「所有X都是Y」的命題，譬如：「所有的美國人都是帝國主義者」、「所有的烏鴉都是黑

的」、「所有的賊都是狡詐的」，這些都是全稱命題。全稱命題用在一些科學事實的描述上往往有它的正確性（雖然偶爾有一些例外來挑戰的情形），譬如：「所有的鳥都會飛」。這個命題基本上是正確的（雖然按照上段所述卡爾波普的否證論，它還是必須有被否定的準備，但在目前生物學的理解中，它基本上是對的）。可是如果全稱命題用在價值判斷上，那就很容易和情緒（情感）混為一談。

譬如一個吃過男人虧的女人，可能會咬牙切齒地說：「全天下的男人沒有一個是好東西。」（亦即「所有的男人都是壞的。」）或者，一個法文系的同學因為學習法文而愛上法國文化，他可能因為喜歡法國的美食美酒、文學藝術而說出：「所有法國的東西都是美好的。」這種全稱式的話。但其實這種說法多半違反我們的經驗法則，怎麼可能所有的男人都是壞男人呢？怎麼可能所有的法國事物都那麼美好呢？這裡頭顯然有不少情緒作用在發酵，而這正是我們在討論問題時應該極力避免的。

我們常常在當今社會許多議題的口水戰中，看到這種全稱式的表達和思考，他原本應該採取特稱或單稱的模式（「有些某某黨的立委是壞蛋」，或「某某黨有某一個立委是壞蛋」），可是因為怒氣沖天，便說成「某某黨的立委全部是壞蛋」。這樣的表達與思維對於問題的討論毫無幫助，只會讓爭辯的雙方更加對立。

這個問題跟上述卡爾波普的「否證論」有相通之處。對「否證論」的理解，可以避免我們將暫時性的處理當作永遠的處理。而對「全稱命題」的謹慎使用，則能讓我們不要以偏概全，只能掌握局部卻以為掌握全局，同樣也墮入了獨斷的迷夢當中。

希望對「否證性」和「全稱命題」的提醒，能有助於大家培養一種比較好的哲學態度，在討論問題時有更高的效率，而不是各說各話，比誰的音量大。

第三節　形上學的眞實與詩的眞實

　　儘管邏輯實證論者反對形上學，認爲形上學的敘述在經驗上都不能得到證實，因此在認知上是無意義的，但許多哲學教科書還是將形上學視爲一門重要的學問，不敢偏廢。事實上，從亞里斯多德開始，這門學問就一直沒被輕忽過。亞里斯多德認爲人類的知識可以分爲三部分，如果以一棵樹爲例，那麼形上學就像樹根，是最基礎的部分，物理學是樹幹，其他的自然科學則是樹枝。從這比喻可以知道亞氏對這門學問的重視，那爲什麼邏輯實證論者要反對它呢？問題到底出在哪裡？

　　其實問題就出在「形上」這兩個字上頭，什麼叫做「形上」？形「上」指的就是形之「外」的東西。這詞出自《易傳・繫辭上》：「形而上者謂之道，形而下者謂之器」，英文metaphysics也有同樣的意思，meta意謂著在……之後，physics指的是從具體經驗世界發展出來的物理學，兩個部分湊起來便是「形而上」的意思。早期的一位編輯把亞里斯多德談這一類問題的作品放在他的「物理學」著作後面，取個名字叫metaphysics，有那麼一點一語雙關的意思：既是談物理現象背後的道理，也眞的在書中就擺在「物理學」之後。總而言之，既然是形之外、經驗之外的事物，這代表我們經由經驗事實所累積的知識並無法檢證這些經驗之外的判斷，也難怪邏輯實證論者會否定它。

　　可是邏輯實證論者這樣的說法合理嗎？有人批評邏輯實證論者這樣的認知標準本身就是一種形上學，他們有什麼足夠的理由來主張「知識必須經過經驗實證」這個認知標準呢？若依照實證論的思維，那人類日常生活中的一些領域，如宗教、倫理、藝術裡的許多描述或論述，都會變得沒意義。人間的道理豈是這樣可以說得通的？

　　《劍橋哲學辭典》在說明形上學的範圍時說「由於形上學傳統關注

的觀點之一是非物質實體的存在，例如上帝，因此形上學在範圍上比科學如物理學，甚至於宇宙論更廣。」同時，「由於形上學研究的是科學所預設但未回答的問題，所以形上學的研究比科學更為基本。這些問題例如：物體是否存在？每個事物是否都有原因？」

　　我們可以說，形上學這門比科學有更廣更基本探討範圍的學問，本質上就不可能在經驗世界裡尋求答案。我們要如何在經驗的層次上確認凡事之間皆有因果關係？如何可能在經驗的層次上證明存在的結構？十八世紀英國聖公會牧師喬治・柏克萊曾經提過一個大哉問：「如果沒有人在場，樹倒時會不會發出聲音？」沒有人在場，意謂著沒有人類感官經驗的參與，那麼，這世界會不會如佛經上所說的那樣，無聲無息無色無味呢？

　　這個問題可能不會有經驗層次的答案（也許有人會認為，用無需人操作的自動錄影機可以解決這個問題，但別忘了錄影機也是由人的感官延伸出去的科技發明，人的感官經驗已然參與），至少對十八世紀的人而言是如此。但這並不表示某些人對這個問題的思索、推演和想像毫無意義。基本上，人類可以利用一些簡單的事實和基本的邏輯推演，便超越經驗想通一些「經驗之外的經驗」的真實狀態。譬如說「飛」這件事，沒有人真的飛過，可是一旦我們運用想像力將自己的眼睛拉到三千公尺高度時，我們卻可以「知道」，當我們在天上飛時，下面的風景會呈現何種面貌，房子像火柴盒、人像螞蟻、大河像小溪……，為什麼可以做到這樣？因為我們雖然不曾飛到天空俯瞰地面，但至少我們曾經站在某個地方往下看，知道物體大小跟距離遠近的關係。我們的類比能力會將簡單的經驗加深加大，以獲取更廣闊深刻的知識。換句話說，柏克萊的那個問題有可能在沒有經驗基礎的情況下，讓腦袋瓜夠清楚、夠敏銳，邏輯能力夠好的人想出一個合乎事實的答案。未必一定要有經驗事實做基礎。

　　這些人類所建立的「經驗之外的知識」，雖然未必都對，但也未

必都不對。其實經驗檢證過的知識不也一樣嗎？也是未必都對，未必都不對。人不時會被自己的感官所騙，譬如筷子放進裝了水的杯子裡會彎曲，平行的兩條鐵軌在視線的遠方會交錯，甚至像海市蜃樓現象，硬是讓人在一片什麼都沒有的視野裡看到一座城市。笛卡兒之所以會提出「我思故我在」作爲嚴密知識的起點，不就是擔心自己的感官被騙昏了頭嗎？如果我們只能以感官經驗檢證知識，必然會受到一些限制，所以，形上學對經驗之外各種問題的本質性思索，是值得我們重視的。

　　我們可以用詩的寫作爲例，來理解形上學的眞實是一種怎樣的眞實。基本上，當詩人在宣稱自己的詩作呈現了某種眞實時，那種眞實就是形上學的眞實。它雖然沒有呈現一個事件的具體細節，卻開顯出事件背後的本質。這是詩人的能力，常人看到的是事件的經過，詩人掌握的是看不見的意義。因爲詩人的詮釋，我們感覺到事件的重量、密度、溫度……，讓事件的「存有」更完整。我們以詩人余光中的一首詩爲例。

〈狗尾草〉

總之最後誰也辯不過墳墓
死亡，是唯一的永久住址
譬如弔客散後，殯儀館的後門
朝南，又怎樣？
朝北，又怎樣？
那柩車總是顯出要遠行的樣子
總之誰也拗不過這椿事情
至於不朽云云
或者僅僅是一種暗語，為了夜行
靈，或者不靈，相信，或者不相信
最後呢誰也比不過狗尾草更高
除非名字上昇，向星象去看齊

　　去參加里爾克或者李白

　　一切都留在草下

　　名字歸名字，骷髏歸骷髏

　　星歸星，蚯蚓歸蚯蚓

　　夜空下，如果有誰呼喚

　　上面，有一種光

　　下面，有一隻蟋蟀

　　隱隱像要答應

　　詩一向以小見大，這一點古今中外皆然。中國古典詩中不論絕句或律詩，都是在有限的形式框架當中，利用語言的張力，以有限搏無限，創造出各種超越經驗的「意境」，也就是我們所謂「形而上的真實」，這是詩的本質，詩本質上就是屬於形上學的。

　　余光中的這一首詩談的是一個大問題。死亡是什麼？就像存在主義哲學家海德格將生命的本質界定為從出生到死亡的過程，人終究無法免於死亡，這是人一切有限性的根源。詩人體會到這個事實（總之最後誰也辯不過墳墓／死亡，是唯一的永久住址），從這裡延伸出一種自在的態度（譬如弔客散後，殯儀館的後門／朝南，又怎樣？／朝北，又怎樣？），這種自在的態度中包含了對自我的理解、人生價值的掌握，乃至於人與宇宙間一種潛在關係的認識。這些內容雖然無法如實證論者所要求的那樣用經驗檢證（我們如何證明殯儀館的後門朝南或朝北都沒有什麼差別？），但對詩人而言卻是真實無比的存在感受。他因此重新看待永恆，「至於不朽云云／或者僅僅是一種暗語，為了夜行」，被許多人奉為絕對價值的「不朽」一事（中國人不是挺喜歡追求立德、立功、立言三不朽嗎？），變成只是夜行時的暗語。人一旦死去躺下，「誰也比不過狗尾草更高」，詩人至此消解了人自以為是的崇高感，萬物平等，一切回歸自然。「名字歸名字，骷髏歸骷髏／星歸星，蚯蚓歸

170

蚯蚓」，最後，一個安靜的畫面呈現了大自然原初的一種意境：「夜空下，如果有誰呼喚／上面，有一種光／下面，有一隻蟋蟀／隱隱像要答應」在若有似無之間，詩人心平氣和地描繪了內心與外在的安詳狀態，顯現出對生與死的豁達。

在這樣的一首詩當中，我們並沒有看到對現實細節的描述。對詩人而言，那並非他關懷的焦點，現實的事件往往只是詩人通往形上眞實的一條道路。他的焦點在事物的背後，對詩人而言，那裡有更多的空間讓人徜徉，有更多眞實的意義供人探索。詩人所追求的，正是形上學的眞實。這或許可以讓我們在接觸形上學時，得到一些啓發。

 ## 第四節　縮放之間的哲學思考

美國在一九六〇、七〇年代，出現了一批反抗習俗和當時政治狀況的年輕人，他們過著公社式、流浪式的生活，用實際的行動表達對許多事物的不滿。這批年輕人被冠以「嬉皮」（hippie）的名稱，這名稱後來變得充滿貶意，因爲這些年輕人對社會既定價值觀的反抗，以及一些諸如使用毒品（他們期待藉由毒品所產生的幻覺來獲得內心的平靜）的行徑，常令中產階級的家長感到不安，深怕自己的孩子會受到影響而沉淪。但往好的方向看，這群「嬉皮」崇尚自然，追求自由，愛好和平，珍惜自我的價值，這對當時普遍充斥的虛矯的官僚主義、民族主義、資本主義來說，確是一股十分引人側目的抗議之聲。他們在主流社會的生活方式之外另闢蹊徑，開創出另一種生活的可能性。很多人對這一點深深著迷，畢竟在體制內的生活往往讓人疲憊不堪，若能放開一切，追求全新的理想生活，該有多好！嬉皮運動不久式微，但一些後來興起的運動卻仍然可以看到嬉皮的影子，像New Age風潮就是。

嬉皮運動展現了人心內在想掙脫束縛的慾望，這是人性，古今中

外的人類大概都有這樣的因子潛伏。不只六○年代的美國，遠在一千多年前的中國魏晉時期，其實也出現過同樣的論題。當時他們談的是「名教」和「自然」的衝突，儒家講名教，道家重自然，這兩者之間的衝突有辦法解決嗎？其實，這個問題即便在二十一世紀的台灣（乃至於世界各地）還是存在。能否解決就看個人在價值上如何抉擇，台灣人說「有一好沒兩好」，魚與熊掌似乎不可兼得，真的是這樣嗎？

王弼作為魏晉時期的重要哲學家，他對孔子（名教）與老子（自然）的學說有這樣的說法：「聖人體無，無又不可以訓，故不說也。老子是有者也，故恆言其所不足。」❺這意思是，「無」這個道理雖是老子說的，但卻是孔子在日常生活中將它體現出來的。說起來，孔子的境界還高於老子，老子說了道理，孔子卻實現了道理。經王弼這一說，名教和自然並不衝突，都在孔子身上實現了。原本名教是「為」（有為），自然是「無為」，到孔子身上一統合，就變成老子說的「無為而無不為」。也就是說，孔子在名教的日常世界中所做的每一件事（無不為），都合乎自然的本質（無為），有點孔子自己所說「七十而從心所欲，不踰矩」的意思。老子自己沒做到這點，在王弼看來，倒是孔子做到了❻。

這是魏晉玄學在處理這個問題時的基本方向：自然是「體」，名教是「用」，兩者同源而出，算是同一路數的功夫。如果調理得當，那麼我泥中有你，你泥中有我，你儂我儂，並無衝突。而若是有人有所偏重，主張應讓自然本性盡情發揮，莫被名教形式所限，便會如阮籍所為：「性至孝，母終，正與人圍棋，對者求止，籍留與決賭。」、「籍嫂嘗歸寧，籍相見與別。或譏之，籍曰：『禮豈為我設邪！』」、「兵

❺見《世說新語》，文學第四。
❻牟宗三，《中國哲學十九講》，第十一講，學生書局。

172

家女有才色，未嫁而死。籍不識其父兄，徑往哭之，盡哀而還。」❼這些表面上違反禮教的事情，在阮籍的詮釋脈絡中，都屬於合乎自然本性的作爲，《晉書》甚至忍不住讚美「其外坦蕩而內淳至，皆此類也。」說起來還真有一點廉價。

這個問題在理論上容易解決，像王弼那樣，孔老會通，道理說得通就好，但在實踐上只怕跟現實力量仍有扞格。

第五節　追求幸福的哲學

有人說「天下本無事，庸人自擾之。」❽這的確可以是一種頗爲瀟灑的人生態度。這世界如此美麗，爲什麼要找那麼多的哲學問題來煩自己呢？就像蘇軾〈前赤壁賦〉裡所描寫的情境：「惟江上之清風，與山間之明月，耳得之而爲聲，目遇之而成色。取之無禁，用之不竭。是造物者之無盡藏也。」這些天然美景既沒加蓋又看免錢，整天逍遙自在徜徉其中，什麼都不想，該有多好？一些耗人心神的哲學問題到底所爲何來呢？

話是不錯，但就像亞里斯多德在《形上學》一書中所說：「人天生有求知的慾望」，只要這慾望存在，人類就不可能永遠待在蘇軾所描述的情境當中，反而會以打破沙鍋問到底的方式，不停地尋問、探討、分析各類事物背後的原因和意義。這是一個無止盡的歷程，就像玩益智遊戲，會一級比一級更複雜、更困難地玩下去，太簡單的東西無法滿足我們的慾望，要有足夠的難度才過癮，說起來這也是人類的天性。

所以，從這個角度看，我們就不要怪有那麼多的哲學家把人生變複

---

❼《晉書》，卷四十九‧列傳第十九。
❽陶宗儀，《南村輟耕錄》，卷三十‧松江之變。

雜了。因為對這些哲學家而言，太淺層的分析或描述，壓根兒搔不到他們的癢處，講了半天全身還是奇癢難忍，一點都不能解決問題。所以到後來我們才會看到有那麼多洋洋灑灑的哲學理論，這些哲學家非得要如此才會有解渴的感覺，才會罷休。他們是吃飽閒著沒事找事嗎？

把人生「變複雜」到底好不好或許見仁見智，這端看你想擁有一個怎樣的人生。但人類的思考會「變複雜」，倒是一個必然的結果。而一個人的思想狀態會是簡單還是複雜，就看他有沒有「問題意識」。

什麼是問題意識？這裡所謂的問題意識，指的是一種察覺能力，在這種能力的引導下，一個人會在不斷變換、消逝的現象底下，體會到一些本質性問題的存在。這就好像柏拉圖的洞穴比喻，有人一輩子都乖乖待在洞穴裡，可是有人就是有辦法超越他所看到的（洞穴裡）的現象，走到洞穴之外看見陽光。其實人生就某個意義而言，可以說好比住在某個洞穴裡。如果我們沒有問題意識，無法察覺洞穴裡所看到的一切有什麼不對，那怎麼可能進一步提出問題，採取行動，得到一個不一樣的結果呢？

再談一談魯迅著名的小說〈藥〉，這篇小說描述一個得了癆病的年輕人，他爸爸因為誤信饅頭沾了死刑犯人的血之後可以治癆病，於是想盡辦法從獄卒那邊搞來一個這樣的沾血饅頭，那上頭沾的是誰的血？沾的是一個「拋頭顱，灑熱血」的革命青年的血。這一腔熱血沒喚醒中國人的靈魂，倒是沾到一個愚昧的迷信傳言上了。那位革命青年在獄中還跟獄卒宣揚「天下為公」的思想，消息傳出後還在茶館裡引起一干子清幫閒客的訕笑。

「……這小東西也真不成東西！關在牢裡，還要勸牢頭造反。」
「啊呀，那還了得。」坐在後排的一個二十多歲的人，很現出氣憤模樣。
「你要曉得紅眼睛阿義是去盤盤底細的，他卻和他攀談了。他說：

這大清的天下是我們大家的。你想，這是人話嗎？」

　　魯迅小說裡這句「他說：這大清的天下是我們大家的。你想，這是人話嗎？」，很生動地描述出當時的人對「民主」渾然不覺的狀態，這種狀態就是前面所說的沒有問題意識。也難怪魯迅決定棄醫從文（一個醫生一輩子能救幾個人呢？魯迅想做的事情格局顯然超過這個），透過小說將許多問題意識注入當時人民的思想中。他的努力未必獲得全盤的成功，但經由他這種點出問題的方式，的確讓很多新的觀念進入那個暮氣沉沉的舊社會，百年下來，影響不可謂不大。

　　我們現在看魯迅筆下那些一百年前的人，覺得他們無知，但若低頭想想自己，可能會發現，我們是不是在某些事情上也跟他們一樣，處在一種渾然不覺的狀態，只不過程度不同、事項不同，說起來只是五十步笑百步罷了？譬如說，在當今號稱言論自由的社會，我們對言論自由這件事的每一個細節，是否都已經有通透的理解了呢？是不是還有一些潛在的問題，在我們的腦海裡甚至連問題意識都尚未出現？言論自由真的就只是毫無限制地說出自己的想法嗎？它難道都不需要其他的配套？什麼是自由？自由跟不自由不是常常一起出現嗎？言論自由的結果會不會也因此帶給我們言論的不自由呢？真要深究起來，我們還真會發現到處是問題，我們視野裡的盲點可真多啊！

　　那人生呢？作為一個凡夫俗子的人生呢？在每天的日常生活中是否潛藏著許多我們未曾察覺的問題？是否有些道理被許多人視為天經地義，壓根兒沒想過有必要檢討反省，卻是問題多多呢？譬如有人每天拚命工作追求更多的財富，但財富真的為他帶來快樂嗎？有人毫不保留地追求一己的快樂，但過程中卻傷害了很多身邊親近的人，這裡頭沒有問題嗎？人的生活當中其實存在著很多問題，尤其隨著時代變化觀念轉變，需要重新檢討的問題更多，這其中在在都需要有問題意識的引導。

　　問題意識就好像一個探測器，所謂「春江水暖鴨先知」，有些事情

在尚未成形之前，一些跡象已然顯露。這時候一個比較敏感的人，問題意識比較強的人，往往能夠體察到事情發展的方向，看出一些端倪，所以他可以在這樣的基礎上，繼續探討更細部、更深刻的內容，最後提出成熟的問題，再試著予以解答，甚至貢獻出一套完整的論述。就以剛剛「拚命工作拚命賺錢」的情況為例，問題意識較強的人可能很快就感受到賺錢的虛無性，他感受到人生其實有很多側面，每一個側面都有它的價值，就看你如何選擇。而重要的是，這些都很有價值的側面並不都是花錢就可以買到的。如果你喜歡的剛好用錢買不到，那要錢做什麼呢？這並非脫離現實打高空的言論，也不是酸葡萄心理，而是真真實實的人生境況，你意識到它（人生在賺錢之外的各個側面），它就存在，沒意識到它，它就不存在。然後你就會認定人活著就是為了賺更多錢，然後把自己累死卻一點也不快樂。

　　大哲學家們則能夠從他們周邊的事情感受、理解到更多的哲理。他們都有強烈的問題意識，是一隻隻超級敏感的鴨子，在許多人還渾然不覺的時候，他們就已經感受到問題的強度。就以卡繆為例吧！這位提出「荒謬」概念，寫過《異鄉人》、《瘟疫》、《薛西佛斯的神話》、《反抗者》等書的諾貝爾文學獎得主，對於現代生活的本質就有深刻體會，問題意識清楚而強大。在《薛西佛斯的神話》書中，他描述了希臘神話裡的這個故事，並提出他對這個神話的詮釋（也是一個關於人生困境的解決方案）。他為什麼要挑這個故事？在故事裡，薛西佛斯因為過於狡猾，被天神宙斯懲罰每天將巨石推上山頂，隔天巨石滾下後再推上去，如此日復一日，永無寧日。這個故事讓我們想到什麼？會不會讓我們想到很多人每天所面臨的枯燥生活？在現代生活中，不是有太多人日復一日地起床、出門、等車、搭車、上班、下班、再等車、搭車、回家、睡覺嗎？這裡頭有沒有薛西佛斯的影子？肯定是有的。但為什麼有這麼多人習以為常，並不覺得這樣有什麼不好呢？這些人到底是已經接受了這樣的價值，還是從頭到尾就麻木無感呢？

　　卡繆針對現代人生活型態的本質（比現在還早了半個世紀）提出他的觀察，在《薛西佛斯的神話》這本書裡處理了這種令人絕望的重複，而在《異鄉人》這本小說當中，則透過主角莫梭的荒謬行徑呈現了現代生活的疏離特性。對照來看，當我們每天坐在擁擠的捷運車廂，面對著一車子那麼靠近卻又如此疏遠的人群，而感到渾身不對勁時，是不是該佩服卡繆過人的敏銳度呢？

　　所以，問題意識的有無是我們能不能深化自己生命的關鍵。這樣的能力從何而來？除了這些天縱英明的哲學家之外，有沒有其他的方式可以加強我們這方面的能力？這就牽涉到哲學史的學習了。

　　有人認為「哲學就是哲學史」，因為所謂的哲學問題，其實並沒有標準答案，甚至常處在一種「公說公有理，婆說婆有理」的狀況。雖然如此，但在這公婆「各自表述」的過程當中，卻累積了許多人類的思考經驗，呈現出各種問題和各種不同的觀點與解答，這些記錄就是哲學史。從這角度看，學習哲學其實就是學習理解哲學史中的各種思考。若要說「問題意識」，一部哲學史可說提供了一座「問題意識」的大寶庫。我們可以將裡邊的哲學問題吸收為己有，也可以透過哲學史裡問題的刺激，進一步地迸出新的問題。這個新問題可能具有普遍性，也可能特別針對個人的生命情境而發，不論如何，都非常有助於思考的學習。

　　當我們看到莊子提出「心齋」的概念時，會想到什麼？看到《中庸》裡說「君子素其位而行，不願乎其外。素富貴，行乎富貴，素貧賤，行乎貧賤，素夷狄，行乎夷狄，素患難，行乎患難。君子無入而不自得焉。」時，會想到什麼？看到《論語》裡說「恭近於禮，遠恥辱也」時，會想到什麼？看到《易經》乾卦用九的爻辭說「見群龍無首，吉。」時，會想到什麼？看到康德談道德的自律性時，會想到什麼？看到存在主義者那麼敏銳地針對人生情境提出一個接一個的概念時，會想到什麼？我們在哲學史裡雖然讀到的是哲學家們的想法，但引導出來的卻可以是我們自己切身的問題。只要我們用心體會，哲學史將會是我們

問題意識一個取之不盡用之不竭的泉源。關於自己的人生，關於國家社會，關於世界，乃至於宇宙，我們都可能藉由這條途徑提出許多問題。有問題就會有思考，有思考才會「柳暗花明又一村」，產生新的視野。

許多哲學問題未必要有確定的答案，重點是思考的過程，事實上隨著年歲的增長，我們自然而然會調整自己的觀點，孔子說「吾十有五而志於學，三十而立，四十而不惑，五十而知天命，六十而耳順，七十而從心所欲，不踰矩。」正表示出人在不同年紀看事情會有不同的高度。重要的是那一路上必須持續不斷地累積，有了有意義的累積過程（也就是有思考內容的累積），人生的內容就會有不同的深度，哲學史無疑可以是這一路上我們最好的伴隨者。

第六節 「道」的平易性

許多人追求「道」，但「道」在哪裡呢？西方在康德之前，所有的知識論在界定真理時都往外求，認為如果我們的認識合乎外在事物的真實，便是正確的知識。康德把這個方向反轉過來，在他所謂「哥白尼式的革命」當中，他倒比較想知道外面事物是如何符合我們腦裡的形式，而成為我們的知識，也因此他開始探討人類自身悟性的先驗形式。這是一個知識論上的革命性思維，找了半天，原來知識必須回到自己身上找。南宋辛棄疾的詞「眾裏尋他千百度，驀然回首，那人卻在，燈火闌珊處」，好像還頗能描述這種況味呢。

同樣地，求道之人，眼光是否一定要往外看，往外真能見道嗎？如果拿這問題問莊子，他會說道在螻蟻、在稊稗、在瓦甓、在屎溺，原本被認為高高在上，甚至遙不可及的「道」，卻越講越往下：東郭子問於莊子曰：「所謂道，惡乎在？」莊子曰：「無所不在。」東郭子曰：「期而後可。」莊子曰：「在螻蟻。」曰：「何其下邪？」曰：「在稊

178

稗。」曰：「何其愈下邪？」曰：「在瓦甓。」曰：「何其愈甚邪？」曰：「在屎溺。」東郭子不應。❾東郭子一氣之下就不講話了。

　　其實莊子一開始就回答「無所不在」，這話已指出重點，甚至可說已道盡一切，偏偏東郭子一定要莊子跟他講個明確的地點（「期而後可」），莊子只好隨口亂掰，反正怎麼講都對，既然道無所不在，當然怎麼講都對啊。從螻蟻到稊稗，到瓦甓，到屎溺，越講越低下，讓東郭子聽得一愣一愣的，幾乎都無所適從了。

　　莊子為什麼要這樣講？他的重點其實在接下來說的「無乎逃物」，意思是說，道是不離物的。莊子用一個聽起來有點無厘頭的比喻來說明道的無所不在。莊子說「正獲之問於監市履狶也，每下愈況。」他說有個市場的主管問屠夫要如何檢查豬的肥瘦？屠夫跟那主管說，越往豬腿的下面踩就越明白。這樣講有沒有道理？其實我們想想，豬的肥瘦當然只能顯現在豬的身上，我們不在牠身上找，難不成還在牠身旁的空氣裡找嗎？至於越下面越清楚，還是越上面越清楚，則不是重點。總之，我們不能離開豬來尋找豬的肥瘦，同樣地，也不能離開人去尋找道的蹤跡。莊子這個比喻乍聽之下有些搞笑，但其實是頗貼切的。

　　青原惟信禪師曾經說過一段許多人耳熟能詳的話：「老僧三十年前未曾參禪時，見山是山，見水是水。後來參禪悟道，見山不是山，見水不是水。而今個休歇處，依然見山是山，見水是水。」用這段話去理解道的平易性，應該是很恰當的。這三種境界（「見山是山」、「見山不是山」、「見山依然是山」）呈現了一個歷程，人在這個歷程中累積了能量，這些能量使人產生質變，也就是「境界」改變了。同樣是山，第一階段跟第三階段看到的內容並不相同，境界自然不一樣。而更重要的是，內容的不同並沒有導致這個人把山看成不是山的東西，譬如把一座山看成一片海洋，如果是那樣的話就是脫離，脫離到外太空而不知所云

---

❾《莊子・知北遊》。

了。這點很重要，許多思想會讓人丈二金剛摸不著頭緒，就是因爲一跑出去就拉不回來，結果鑽牛角尖，越說越玄，最後走入了死胡同。

這麼說起來，所謂的平易性，也不是眞的那麼單純的平易，它有不同層次，每個人的體會各有不同。就好像書法家寫個「一」字，小孩看它就只是個「一」，但行家卻從裡邊看到了力道、韻律、結構，甚至書寫者的心情。可是「一」畢竟還是「一」，它不會是「二」，也不會是「三」，如果看成二或三，一定是老眼昏花，走火入魔。這個基本體質不會變，大方向不會變，它只會繞了一圈之後回到看起來一樣，其實不一樣的原點。這個回歸把許多東西都兜回來，「道」跑得再遠，還是回到在我們身上可以感受，可以實踐的「道」。這就是平易性，是有彈性的平易性。

所以，《中庸》開頭便引程頤的說法界定所謂「中庸」爲「不偏之謂中，不易之謂庸」，說「此篇乃孔門傳授心法」。跟上一段說的道理一樣，「道」的基本體質跟大方向是可以確定的（不偏、不易），可見關於「道不離人」這點，自古聖賢皆有體會。在這個大前提之下，道的開展與收攏便有很大的空間。「其書始言一理，中散爲萬事，末復合爲一理。放之則彌六合，卷之則退藏於密。其味無窮，皆實學也。善讀者玩索而有得焉，則終身用之有不能盡者矣。」人類有很多技藝的養成訓練也跟這道理一樣，基本動作最重要，基本動作熟透了，才可以衍生無窮的變化。許多看似複雜的動作，骨子裡卻完全奠基在最簡單的基本動作上，這其中的相關性頗值得玩味。

基本動作便是我們說的平易性。藝術的炫技來自於紮實的基本動作，同樣地，「道」的深邃來自於最素樸的貼身體驗，許多高深的道理根本無需外求，低下頭看看自己就能有很大的啓發。《中庸》有句話講得很有意思：「君子之道，造端乎夫婦，及其至也，察乎天地。」從基本點到高來高去的天與地，說起來竟是相通的，就看我們怎麼體會了。

認識這點（「道」的平易性）後，我們在日常生活中的思維比較不

容易墮入虛無飄渺的情境。往往有人抱怨唸哲學的人喜歡做一些抽象的思考，一開始還好好的像在討論問題，可是常常越走越偏，越說越玄，到後來整套論述裡嗅不到半絲人間的煙火味，真不曉得是在討論哪一層宇宙的事。的確某些人在追求哲學的過程中會走入這樣的困境，這時候如果能夠體會一下「道的平易性」的意涵，或許能在懸崖前把脫韁野馬給拉住。

很多人認為《易經》是一部很深奧的書，的確，它裡頭許多對於天地人事的觀察是非常深刻透澈，也十分複雜。但《易經》的「易」字不也有「簡易、變易、不易」三個層次的意涵嗎？「簡易」代表裡邊講的所有道理「遠在天邊，近在眼前」，就是像在我們身邊所出現的那麼簡單！「變易」代表這些簡易的道理運用之妙存乎一心，有無限的詮釋、變化空間。而「不易」則顯現了一切道理落實在人世脈絡中「萬變不離其宗」的穩定性。這跟上一段提到的《莊子》、《中庸》裡對「道」的平易性的看法是一樣的，值得我們深思。

第七節 哲學問題與哲學史

讀哲學的好處是可以看到各種不同的觀點對各種不同問題的討論。這樣的閱讀與思索經驗讓人不會輕易將思想定於一尊，造成盲從的處境。但也可能讓人產生迷惑，在五花八門的論述中搞不清楚自己究竟情歸何處，要以怎樣的哲學內容作為終極關懷的目標。這裡頭牽涉到選擇與判斷，我們該如何選擇？如何判斷？跟所有的哲學問題一樣，它是不會有標準答案的。這樣的問題最終還是必須自己面對，自己解決。而且唯有自己能回答自己的問題，這樣的回答才有意義。不過在做這些思索前，有一些原則可供參考，以下提出的幾點，或可有助於我們在人生旅途中對許多問題的探索。

一、肯定自由

這幾乎是我們能逐行思考的必然前提。孟子說：「人之所以異於禽獸者，幾希。」他認為這個「幾希」的差別是「仁義」。其實從「選擇」的角度來看，人之所以能夠有仁義的行為，正是因為我們能做選擇。動物雖然也做選擇，但牠們的選擇受制於體內的程式，也就是天生的本性。一旦程式發動，動物就會依照本性反應，或攻擊，或遁逃，或如何如何，一切的「選擇」都按照體內的DNA走。人不一樣，人雖然也有動物性的一面，體內的DNA程式也不時在作祟，但人也有像「仁義」這種往往必須逆著本性做事的行為。一個人在怎樣的情況下才可以「犧牲小我，完成大我」？在怎樣的情況下才會捨身取義？這些都是必須逆著本性做出選擇後，才可能發展出來的行為。難怪佛洛依德會說文明就是壓抑。不壓抑，人不論做什麼都會順著動物性發揮，要如何造就出超越動物性的文明呢？所以，人會壓抑，人會「由仁義行」，都證明了人跟禽獸不同，人可以主動選擇，有選擇就表示有自由，有這樣的自由，人才能夠有真正的思考。

這是大家必須先肯定的一點，有了這個確認後，人的思考才能取得一個空間，一個位置。接下來的一切才變得可能。

二、先立其大

孟子說：「先立乎其大者，則其小者弗能奪也。」（《孟子·告子上》），這個「大者」指的是「心」，可以理解成我們心裡面一種自由的願望。用比較通俗的話說就是「立志」，亦即「人在自由的狀態下，自覺地確立生命中最重要之事」的那種情境。孟子這一段話是這麼說的：

公都子問曰：「鈞是人也，或爲大人，或爲小人，何也？」孟子曰：「從其大體爲大人，從其小體爲小人。」曰：「鈞是人也，或從其大體，或從其小體，何也？」曰：「耳目之官不思，而蔽於物，物交物，則引之而已矣。心之官則思，思則得之，不思則不得也。此天之所與我者，先立乎其大者，則其小者弗能奪也。此爲大人而已矣。」❿這個問題跟上一點有直接關係，因爲我們肯定自由，我們的心能自由思考，所以我們能有自己的價值判斷。若去掉這顆自由的心，那單憑五官是無法思考的，會「蔽於物」（受外物蒙蔽），而耳目之官也是「物」，「物交物，則引之而已矣」（用同樣是「物」的感官去接觸外物，當然會被牽著鼻子走，因爲「心」不見了啊！）。所以我們必須善用老天給我們的這顆心，不要白白放著不用，用它把我們最重要的東西確定好，那「則其小者弗能奪也」。

很多人小看這件事（立志）的重要性。孟子說：「先立乎其大者」，所謂「大」當然隱含了價值判斷，意即我們必須思考生命中什麼是最重要，什麼是次要，什麼是不重要的。要眞講起來，天底下有什麼事不能成爲學問？從天文物理到正妹八卦其實都可以被編織成浩浩蕩蕩的學問，照理說衆生平等，這些學問應該享有同等地位，但依孟子的思路卻非如此，我們畢竟還可以爲自己保留一個判斷的空間。對孟子而言，「大體」是「心之官」，「小體」是「耳目之官」，大的確定了，小的就扳不動它。我們賦予心志的價值就屹立不搖。同理，大家或許可以想想，對自己來說，那「先立乎其大者」的東西到底是什麼。這問題想通了之後，人生的視野會大不同。

---

❿《孟子·告子上》。

三、活在有期待的當下中

如果能確立那個「大者」，那表示我們的人生會出現一個目的，有目的即表示有可能性，這「可能性」所能帶給我們的影響，恐怕遠大於我們的想像。唐君毅在一篇談論海德格的文章中說：「人皆謂『可能的』之涵義，在內涵上少於『現實的』與『必然的』。但海氏說，對人生自己言，則人生之真可能者，更真實於現實。如對青年，他目的在戀愛，即他有此可能而要實現之。同時亦即此『可能』，要在他身上化為現實，而主宰了他之現實人生，並驅迫其現實人生向一定之方向走，此『可能』，即更真於現實。」⑪這段話將「可能」與「現實」之間的微妙關係詮釋得很有啟發性，這種對未來可能性的期待與無目的的空想有很大的不同。它可以幫助我們不致於流連在令人懊惱的過去，而立足當下時，也不會失去未來「可能性」所帶來的充實感，是一種很好的自我對話的模式。

人生是一個有限的過程，若以最終的必然死亡來看，很有理由可以被虛無地對待，但從經驗可知，這畢竟不是一個能帶來快樂的做法。比較合理的態度應該是拋棄「以成敗論英雄」式的思維，而將人生的重心從「結果」轉移到「過程」，落葉美麗，往往不是因為它本身，而是它飄落的過程搖曳生姿。這一節所提的自由、立志、期待，無不緊扣這個自覺。明白這點，人生的方向感與踏實感都會湧現。

---

⑪唐君毅，〈海德格〉，收於陳鼓應編《存在主義》。

參考書目

卡繆（1999）。《異鄉人》。台北：人本自然出版社。

尼可拉斯・費爾恩（2003）。《當哲學家遇上烏龜》。台北：究竟出版社。

朱熹（1989）。《四書集注》。台北：世界書局。

牟宗三（1989）。《才性與玄理》。台北：台灣學生書局。

牟宗三（1990）。《中國哲學的特質》。台北：台灣學生書局。

牟宗三（1983）。《中國哲學十九講》。台北：台灣學生書局。

牟宗三（2003）。《宋明儒學的問題與發展》。台北：聯經出版公司。

牟宗三（2003）。《周易哲學演講錄》。台北：聯經出版公司。

牟宗三（1990）。《中西哲學之會通十四講》。台北：台灣學生書局。

余英時（1987）。《中國近世宗教倫理與商人精神》。台北：聯經出版公司。

呂克・費希（2009）。《給青年的幸福人生書》。台北：台灣商務印書館。

沙特（1997）。《嘔吐》。台北：志文出版社。

沙特（2006）。《存在與虛無》。台北：左岸文化。

彼得・蓋伊（2009）。《現代主義》。台北：立緒出版社。

林火旺（2009）。《基本倫理學》。台北：三民書局。

南懷瑾（1900）。《易經繫傳別講》（上傳下傳）。台北：老古文化。

南懷瑾（1976）。《論語別裁》（上下二冊）。台北：老古文化。

南懷瑾（2006）。《莊子諵譁》（上下二冊）。台北：老古文化。

威廉・文德爾班（1998）。《西洋哲學史》。台北：台灣商務印書館。

柯林・麥金（2003）。《從礦工少年到哲學家》。台北：時報出版。

唐君毅（1975）。《中國哲學原論——原教篇》（上下二冊）。香港：新亞書院研究所出版。

唐君毅（1982）。《哲學概論》（上下二冊）。台北：台灣學生書局。

徐復觀（1992）。《中國藝術精神》。台北：台灣學生書局。

柴熙（1996）。《哲學邏輯》。台北：台灣商務印書館。

張智光（2003）。《邏輯的第一本書》。台北：先覺出版社。

哲學與人生

郭建勳（1996）。《新譯易經讀本》。台北：三民書局。

陳鼓應（1994）。《莊子今註今譯》。台北：台灣商務印書館。

陳鼓應編（1999）。《存在主義》。台北：台灣商務印書館。

傅佩榮（2003）。《哲學與人生》。台北：天下文化。

傅佩榮（2003）。《解讀老子》。台北：立緒出版社。

傅偉勳（1991）。《從西方哲學到禪佛教》。台北：三民書局。

傅偉勳（2004）。《西洋哲學史》。台北：三民書局。

勞思光（1981）。《中國哲學史》（一、二、三上、三下冊）。台北：三民書局。

勞思光（2002）。《文化哲學講演錄》。香港：香港中文大學。

彭小妍編（1995）。《沈從文小說選》。台北：洪範出版社。

鄔昆如（2007）。《哲學概論》。台北：五南出版社。

諾拉‧K、維多里歐‧賀斯勒（2001）。《哲學家的咖啡館》。台北：究竟出版社。

羅伯特‧奧迪（2002）。《劍橋哲學辭典》。台北：果實出版社。

羅素（2005）。《西方哲學史》。台北：左岸文化。